# 내 인생,
# 압축 성장의 기술

# 내 인생,
# 압축 성장의 기술

**직장에서는
절대 가르쳐 주지 않는
회사 밖 성장 공식**

김미희 지음

푸른숲

# 추천의 말

살다보면 가끔 이유 없이 끌리는 사람을 만나게 될 때가 있다. 나에게는 빅크의 김미희 대표가 바로 그런 사람이다. 우리는 단지 몇 해 전 동문 모임에서 딱 한 번 스치듯이 인사를 나눈 사이에 불과했지만, (이상하게) 그가 만든 서비스와 그의 삶 자체를 응원하고 있었으며, 언젠가 기회가 된다면 작은 도움이라도 될 수 있기를 바라는 나 자신을 발견하게 되었다.

이 책을 읽으면서 나는 "내가 왜 느슨한 인연 안에서 그의 매력에 끌렸는지"를 명확하게 알았다. 그것은 바로 화려한 스펙이나 능숙한 언변이 아니라 그의 삶 내면 깊은 곳에 있는 진실함이었다. 나뿐만 아니라 모든 독자들이 그 매력을 발견할 수 있으리라 믿는다.

이 책의 가장 큰 미덕은 책을 읽는 독자가 어떤 상황에 처해 있든, 현재 자신의 모습을 스스로 돌아볼 수 있게 만드는 데 있다.

내 안의 결핍된 요소가 무엇인지를 찾고 그를 통해서 압축 성장의 원료를 찾는 여정, 그리고 나만의 성공을 다시 재정의하는 과정까지 말이다. 이 글을 쓰는 나 또한, 10년 만에 다시금 내가 바라던 나의 모습을 글로 적어보는 기회를 가졌다.

그가 본문 속에서 여러 번 강조했듯이, 이 책은 꼭 스타트업을 창업하고자 하는 이들을 위해 쓰여진 책이 아니다. 오히려 이 책은 누구나 자신의 삶에서 가지고 있는 결핍과 분노를 새로운 연료로 활용할 수 있는 방법을 알려주는 안내서에 가깝다. 우리의 삶 그 자체가 무한한 실패를 통해 성장한다는 점에서, 그가 예시한 여러 스타트업 성공 과정과 마인드를 실제 우리 삶에도 적용시켜 볼 수 있을 것이다.

임홍택
《90년생이 온다》,《그건 부당합니다》 저자

# 당신의 결핍을 응원하라

도대체 무엇이 사회에서의 생존과 성공을 결정하는 것일까?

오랜 대기업 생활을 거쳐 스타트업을 창업하고, M&A 후 연쇄 창업을 하는 십여 년 동안 수없이 과거의 나와 세상의 편견과 환상을 깨는 경험을 하게 되었다.

2009년 애플이 한국에 처음으로 아이폰을 런칭할 때쯤 내가 다니던 삼성전자에서도 갤럭시 시리즈를 시장에 선보였다. 나는 운 좋게도 갤럭시 프로젝트의 초창기인 2009년부터 2015년까지 모바일 서비스 기획과 디자인 직무를 담당해 다양한 모바일 서비스 개발에 참여했다. 그 프로젝트 대부분은 늘 화려하게 시작했다. 준비 단계에서부터 회사의 전폭적인 지원을 받았고, 덕분에 서비스의 완성도도 높았다. 하지만 정작 서비스를 런칭하면 흐지부지 종료되거나 런칭 단계에서 시작조차 못하는 상황이 계속해서 발생했다. 갤럭시 모바일 내에 수십 개의 서비스가 찬란하게 탄생했다쓸쓸하게 사라지는 과정을 지켜보면서 회사의 인재人材라고 생각한 내가 실은 인재人災 아닐까 하는 자괴감이 밀려왔다.

이유를 알 수 없었다.

다양한 산업에 종사하는 전문가들뿐 아니라 스타트업 투자자, MBA 교수, 경제 경영 컨설턴트 등은 공통적으로 사업의 성공 공식에 대해 크게 세 가지 정도로 의견을 모은다. 바로 자본력, 인프라, 팀의 역량이다.

우리는 사업의 성공 공식에 해당하는 핵심 요소를 모두 넘치게 가지고 있었다. 우리 팀은 하버드대 박사 과정 중인 분들이 인턴으로 올 만큼 전 세계 전도 유망한 인재들이 모두 모였다고 해도 과언이 아닐 정도로 팀장부터 인턴까지 최고급 학벌과 스펙으로 똘똘 뭉친 수준급 역량을 갖고 있었고, 무슨 시도든 다 해볼 수 있는 탄탄한 투자금, 전 세계 200여개국에 수많은 지사와 대리점으로 이미 구축돼 있는 상상을 초월하는 인프라까지 갖추고 있었다. **그러나 이 세 가지는 결코 성공을 보장해주지 않았다.**

대기업 안에서 만들어진 그렇게 수많은 서비스가 안타깝게 종료되는 과정이 반복되면서 그동안 유수의 전문가들이 제시한 성공 공식이 언제든 깨질 수 있다는 사실을 깨달았다.

그리고 서른셋이 되던 해에 결심했다. 10년간 나름의 고액 연봉을 받으며 멀쩡히 다니던 회사를 그만두고, 자본력과 팀 역량, 인프라가 전혀 없는 맨바닥에서 나만의 사업을 시작하기로.

창업 아이템은 회사에 다닐 때부터 생각해두었던 '외국어 튜터링 프로그램'이었다. 아이디어만으로 시작한 팀에 경력자는 단세 명. 그 외에는 전원 수습 또는 인턴 사원이었다. 2천만 원의 사업자금을 쥐고, 인프라는 커녕 업계 투자 관련 네트워크조차 전혀 없이 그대로 시장에 내던져졌다.

아이템에 자신이 있는 것도 아니었다. 일단 시작했으니 열심히 부딪히긴 했지만 앞이 전혀 보이지 않았다. 역량, 자본력, 인프라 어느 것 하나 확실한 패가 없다면 어디에서 성공 가능성을 찾아야 할까….

사업의 성공적인 안착을 위해 이것저것 시도했지만, 구체적인 성과로 이어질지는 의문이었다. 처음에는 그저 불안한 상태로 캄캄한 길을 걷는 기분이었다. 사업을 운영하는 내내 이 아이템으로 창업하면 성공하리라는 생각이 나 혼자만의 고집은 아니었을까 수없이 의심했다.

그런데 얼마 후 기적 같은 일이 일어났다. 나조차도 생존을 의심할 만큼 초라하게 시작한 첫 창업 아이템은 런칭 5개월 만에 월 1억 매출의 월흑자를 달성했다. 그리고 3년 만에 100만 회원, 연

130억 매출을 올리며 가파른 성장 곡선을 그렸다.

튜터링은 전 세계의 영어, 중국어 전문 튜터와 학생을 실시간으로 연결해 모바일 레슨을 제공하는 어학 플랫폼이다. 아이디어는 직장 생활 10년 내내 갖고 있었던 영어 콤플렉스에서 시작되었다. 2011년도부터 갖고 있었지만 당시 사내 공모전에서 떨어지고 2014년 입학한 MBA에서도 모두가 실패를 예견했던 아이디어이기도 했다. 하지만 지금 튜터링은 내 사회생활을 통틀어 유일하게 성과를 남긴 프로젝트가 됐다.

그리고 2021년 첫 창업이었던 튜터링을 M&A한 후 연쇄 창업에 도전하게 되었다. 두 번째 창업 역시, 맨바닥에서 단 네 명으로 시작했다. 회사 이름은 빅크<sup>BIGC</sup>. Big Creativity, Big Creators, Big Channel의 줄임말로 크리에이터 이코노미 생태계의 성장을 눈여겨보다가 크리에이터를 위한 서비스를 세상에 내놓게 되었다. 신기하게도 런칭 시점부터 스타트업 업계의 유망한 투자자분들의 인정을 받아 95억이라는 큰 투자를 받을 수 있었고, 지식 크리에이터 시장, 엔터테인먼트 분야, 팬덤 커뮤니티에서 많은 사람의 호응 속에 런칭을 성공적으로 이끌 수 있었다.

내가 대기업에 몸담은 10년간 모든 성공 조건을 갖추고 시작한 프로젝트는 늘 뜻대로 되지 않았는데, 어떻게 모든 악조건 속에서 시작한 프로젝트들은 반전 결과를 만들어낸 것일까? 나는 그 이유를 조금이나마 분석하고 내 것으로 만들고 싶었다. 이 비결을 알아낸다면 사업가, 회사원, 크리에이터, 제2의 삶을 준비하는 누구나 어디에서건 별다른 조건 없이도 성공할 수 있으리라는 확신이 들었기 때문이다.

## 결핍이 주는 강력한 성공 기운을 경험하다

척박한 우리나라 스타트업 환경에서 첫 창업이 나름 성공한 이유에 대해 다시 한번 생각해봤다. 관련한 기사와 글에는 수십 가지 분석이 나와 있었다. 그 모든 분석을 비교하고 다시 해석한 결과 나를, 우리 팀을 성공으로 이끈 단 하나의 이유는 바로 '결핍'이었다.

튜터링을 성장시키고 빅크의 연쇄 창업을 시작할 수 있는 용기를 준 가장 중요한 요인 역시 고민할 것도 없이 결핍이다. 우리는 기존에 잘나가는 스타트업들에 비해 구성이 독특했다. 새로운 스타트업 홍보 기사에 어김없이 등장하는 창업자의 화려한 성공 이력이나 실리콘밸리에서의 경력이 없었던 것은 물론, 팀원 중에 화려한 스펙이나 빵빵한 백그라운드를 가진 이는 단 한 명도 없었다. 우리의 유일한 자산은 각자의 결핍뿐이었다.

첫해 우리 팀 십여 명 중 절반 이상이 실패로 인해 인생의 배수의 진을 친 이들이었다. 나는 직장 시절 내내 거절과 방황을 경험했다. 어느 프로젝트 하나 제대로 성공해본 적이 없어서 마땅한 포트폴리오라고 할 것도 없었다. 공동창업자들 역시 처절한 사업 실패나 부진 등으로 업계에서 입지가 좁아진 상황이라 성공에 대한 갈증이 컸다. 설립 이후 합류한 기술총괄은 이미 두 번이나 사업을 실패했음에도 내 제안에 응해주었다. 벼랑 끝에 선 심정으로 우리와 함께하기로 했고, 나 역시 절대 세 번째 실패를 안겨줘서는 안 된다는 책임감을 느꼈다.

자연스럽게 우리 팀이 추구하는 핵심 가치는 '셀프 스타터(자기 주도적으로 실행하는 사람)'라는 내재 동기가 되었다. 어쩌다 결핍이 강한 사람들끼리 모여들다 보니 다들 자기 일처럼 사업에 몰입했고, 무엇이든 자기 주도적으로 빠르게 실행하는 조직 문화가 만들어졌다. 스타트업은 '실행이 전부다'라고들 한다. 하지만 밤낮없이 실행하기 위한 인내와 에너지는 동기부여 없이 저절로 생기지 않는다. 연봉이나 인센티브 같은 외재적 요인에는 한계가 있다. 그런데 결핍을 느끼고 그것을 채우기 위한 갈망으로 동기부여된 사람들이 한데 모였으니 시너지는 복리 그 이상으로 터졌다.

나는 그러한 개개인의 결핍을 성공을 향한 설렘으로 바꾸려 노력했다. 결핍과 성공 열망을 가진 사람들의 심리를 파악해 조직이 움직이는 작동 원리를 조금 빨리 이해하고 공감한 것이다.

튜터링의 비전은 '1%만 누렸던 최고 수준의 교육을 99%와 나눈다'이다. 이를 기반으로 '경제력이 교육을 지배하지 않는 세상을 만든다'는 사명을 내걸었다. 번지르르하기만 한 그럴듯한 이야기라고 생각할 수도 있지만, 내 결핍의 경험이 우리의 서비스와 팀의 영혼에 깃들길 바라는 마음으로 정한 비전과 사명이다. 팀원들뿐 아니라 불평등한 세상에서 배움에 갈증을 느끼고, 절박함을 안고 사는 많은 사람이 경제력과 상관없이 고급 교육 서비스를 누리길 원하는 마음을 담았다.

두 번째 창업 아이템인 빅크의 미션은 'We Maximize Creators' Value.'이다. 즉, 빅크를 통한 크리에이터들의 가치 극대화를 사명으로 삼았다. 작가, 아티스트, 뮤지션, 엔터테이너, 저널리스트, 지식 크리에이터에 이르기까지 다양한 분야의 크리에이터를 만나 이들만이 가진 결핍을 발견했다. 사업의 초점은 이들의 재능을 오래도록 안정적으로 발현시켜주는 비즈니스 도구를 제공하는 것으로 맞춰졌다.

이처럼 내외부적인 결핍은 첫 창업과 연쇄 창업을 이끈 원동력이 되었다. 대기업에서의 10년, 그리고 창업 후 압축 성장을 이룬 지난 7년 동안 내가 배운 결핍에서 비롯된 불안감, 분노, 콤플렉스 그리고 절박감은 그 어떤 동기보다 강력하다는 것이다. 그리고 어쩌면 다행히도 99%의 사람들은 이런 결핍 하나쯤을 마음속 깊이 숨겨두고 있다.

하지만 그 자체로는 성공을 이룰 수 없다. 부정적인 감정에 제대로 된 기름을 부어 성장 엔진을 돌리지 못하면 그저 불평 불만하는 사람이 될 뿐이다. 이를 해결하기 위해 내적으로 치열한 싸움을 거쳐야 결핍이 잠재력으로 승화될 수 있다. 나는 나를 포함해 주변 동료들이 새로운 도전에 나설 때 결핍으로 점철된 원석을 발견하고 그 결핍을 긍정적으로 발산할 수 있는 무대를 만들고, 그렇게 생긴 성공 공식을 영양분 삼아 더 크게 성장하도록 토양을 채워주는 일에 집중했다.

따라서 이 책의 내용은 스타트업 창업에 관한 조언을 담은 이야기가 아니다. 1%가 아닌 99%에 해당하는 사람들이 자신의 발목을 잡던 결핍을 오히려 어떻게 발판 삼아 뛰어오를 수 있는지에 대한 이야기다.

모든 것이 풍족한 대기업에서 그 많은 실패를 두 눈으로 지켜봐야 했다. 나는 결핍으로 점철된 실패의 결정체였던 평범 이하의 사원이었다. 그런데 나 같은 사람이 어떤 방식으로 결핍을 채우고 성장할 수 있었을까?

아버지의 사업 부도 이후 기초수급 학생으로 살아온 결핍의 학창 시절, 그리고 열 번도 넘게 공모전이란 공모전은 다 떨어지며 만년 루저로 살았던 분노의 대학 시절, 존재감 없고 온갖 콤플렉스로 방황하던 평범한 회사원 시절… 그때의 나는 확실히 지금의 나와는 다르다. 그때의 결핍, 분노, 콤플렉스를 바탕으로 또 다른 나를 만들어냈다. 지금의 나는 인생관, 사고의 패턴, 생활습관까지 모든 것이 대기업 사원 시절의 나와는 송두리째 달라졌다.

최근 삼성 그룹, 현대 그룹을 포함한 여러 대기업과 공기업, 대학생 대상 스타트업 강연 등에서 정말 많은 이를 만났고, 그들에게서 각자 다른 형태의 결핍을 지켜보았다. 내 이야기를 통해 새로운 동력과 희망을 얻어가는 그들을 보며 용기를 내어 이 책을 써본다. 특히 성장을 진지하게 고민하고 있는 이들에게 내 경험이 조금이나마 도움이 되었으면 한다.

2022년 겨울
김미희

# 차례

STEP 1

# 결핍 속 기회, 원석 발견하기
## 숨겨진 기회 포착

**STEP 1**

**원석 발견하기**
숨겨진 기회 포착

**STEP 2**

**기름 붓기**
꿈을 찾기 위한 연료 충전

**STEP 5**

**압축 성장**
리스크를 딛고 로켓처럼
날아오르기

반복 실행을 통해
작은 성공 경험을 쌓아간다

**STEP 4**

**계속 타오르기**
성장 레시피를
시스템화하기

**STEP 3**

**불 태우기**
내 안의 성장 DNA
설계하기

# 결핍 속 기회,
# 원석 발견하기

**원석 발견하기**
숨겨진 기회 포착

# 아마 안 될 것 같습니다

창업한 후 가장 많이 받은 질문은 "왜 창업하셨어요?"다. 그 다음으로 많이 받은 질문은 "좋은 회사를 그만두는데 주변의 반대는 없었나요?" "그만큼 확신이 있었나요?" 등이 뒤를 잇는다. 대부분 듣고 싶은 대답이 정해진 의도가 있는 질문들이었다. 당연히 성공에 대한 강한 확신이 있어서 그만둘 수 있었다고 대답하길 기대했을 것이다.

솔직히 말하자면, 그렇지 않았다. 나조차 성공을 자신하지 못했다. 이미 사내 공모전에서 보란듯이 탈락한 아이템이었다. 주변에서도 이 아이템을 지지하지 않았고, 별다른 호응도 얻지 못했다. 그게 2011년의 일이었다.

그로부터 3년이 흐른 뒤, 카이스트 경영대학의 MBA 과정에 입학했다. 입학 면접에서 나는 내가 가진 창업 아이템을 구체화하고, 경영이나 재무를 더 공부하고 싶다고 이야기했다. 그렇지만 입학한 후에도 달라질 건 없었다. 회사 밖에서도 부정적인 의견은 계속됐다. 벤처 관련 수업 시간에 튜터링 아이디어를 발표하자 안 될 것 같다는 의견이 쏟아졌다.

"튜터와 학생들이 (튜터링 밖에서 따로 만나)
 이탈되지 않을까요?"
"처음에 튜터를 채용하기 어렵지 않을까요?"
"저렇게 구현하는 것이 현실적으로 가능할까요?"

어떻게 보면 모두 타당한 지적이었다. 안 될 이유만 수만 가지인 가능성이 낮은 프로젝트였다. 하지만 나는 그럼에도 창업을 결심했다. 성공 확률은 여전히 낮고 목표도 뚜렷하지 않았지만 나와 비슷한 결핍을 가진 이들은 분명히 많을 거라 확신했다. 대신 망하는 건 두렵기 때문에 할 수 있는 만큼 철저히 준비했다.

## 실패 전문가들이
## 모여 만든 놀라운 성과

창업하기로 마음먹고 제일 먼저 시작한 일은 생활비를 아끼는 것이었다. 퇴사 전까지 저축액을 조금이라도 늘리려고 노력했고, 사업을 시작한 뒤로는 내 월급을 10만 원으로 정했다. 그러고 나서 함께할 공동 창업자들을 찾으러 나섰다.

가장 먼저 최경희 이사를 만났다. 그는 대학 시절 선배로 강연 시장에서 잔뼈가 굵었고, 아이디어도 많았다. 당시 내가 아는 사람 중에서 가장 능력자였다. 게다가 마침 선배가 두 번째로 창업했던 오프라인 성인 교육 회사를 정리한 후였다. 내가 제안한 에듀테크Edutech* 사업을 무척 긍정적으로 봐주었지만, 스타트업의 어려움을 누구보다도 잘 아는지라 참여할지 말지 계속 망설였다. 나는 한 달 동안 세 차례 이상 거듭 설득하러 찾아갔다. 처음 만나는 자리에서부터 모든 것이 준비되어 있다는 티를 내려고 100여 장이 넘는 사업계획서를 들고 갔다.

수년 동안 아이디어에 대한 기획과 조사를 해오다 보니 사업

---

●　교육Education과 기술Technology을 결합한 교육 서비스

계획서로 만든 PPT 문서가 어마어마했다. 자료는 자신 있었다. 그는 깔끔하게 인쇄된 두꺼운 사업계획서를 보고 살짝 놀란 기색을 비쳤지만 쉽게 결정을 내리진 않았다. 나는 친분으로 호소하기, 도전 정신 자극하기, 5년 안에 크게 후회할 거라는 협박까지 총동원했다. 그는 결국 협박과 읍소 끝에 승낙했고, 우리 회사의 COO(최고운영책임자Chief Operating Officer)가 되었다.

그 뒤 CTO(기술 총괄Chief Technology Officer)를 영입하는 과정도 꽤나 험난했다. 이 자리는 법인을 설립하고 몇 달 동안 공석이었다. 당시 후보로 점찍은 분들은 번번이 인터뷰 약속을 취소하거나 면접을 긍정적으로 마치고도 배우자의 동의를 받지 못해 거절했다.

그러다 이귀행 CTO를 만났다. 그는 네 자녀를 둔 가장이었고, 나와 만나기 직전까지 두 번의 사업을 실패했다. 이번 인터뷰 때도 마찬가지로 나름 자신 있었던 두꺼운 사업계획서를 꺼내 하나하나 설명하기 시작했다. 창업한 이유부터 회사의 미션과 비전을 나름대로 열심히 보여줬다. 당시 그는 실패에 대한 두려움이 매우 컸다. 한 번만 더 실패한다면 이번에는 경제적으로 회복하기 힘든 상황이었다.

"저는 이미 두 번을 시도했고 실패를 맛봤어요. 인터넷 서비스가 얼마나 성공하기 어려운지 잘 알고 있습니다. 그러나 이번에는 절대 실패하면 안 됩니다."

목소리는 작았지만 엄청난 무게가 실려 있었다.

나 역시 계속해서 거절당한 아이템으로 창업하는 상황이었다. 안 그래도 부정적인 의견을 무릅쓰고 창업을 주도하느라 어깨가 무거웠는데, 그의 말을 들으니 순간적으로 위축되었다. 절대 실패해서는 안 된다. 나 역시 두려웠지만 담담한 척하며 이렇게 답했다.

"교육 서비스는 작게 유지하면 망하지는 않을 거예요. 교육에 대한 수요는 늘 있으니까요. 그보다 제 계획은 런칭 첫해에 수익을 내는 거예요."

그러고 나서 내가 준비한 PPT 인쇄물에서 런칭 첫해부터 5주년까지의 매출 계획을 보여주었다. 이후 헤어지는 길에 사업계획서와 정성껏 작성한 내 이력서를 전달하며 찬찬히 살펴보라고 말씀드렸다. 그리고 이후 몇 차례 우여곡절 끝에 어렵게 그를 CTO로 모실 수 있었다.

'첫해 수익을 내는 것.' 지금 생각해보면 꽤나 과감하고 황당무계한 목표였는데, 당시에는 그렇게 말할 수밖에 없었다. 초기 멤버들을 설득하기 위한 강력한 동기가 필요했기 때문이다. 일을 할 때는 누군가가 나를 신뢰하게 하고, 함께 가고 싶다면 함께 이뤄갈 분명한 목표를 설정해서 제시해야 한다. 훗날 알게 되었지만, 매출

계획이 포함된 사업계획서가 사모님을 설득하는 결정적인 역할을 했다고 한다.

튜터링은 세 명의 각기 다른 실패의 아픔이 있는 경력자가 어렵사리 모이면서 서서히 진용을 갖춰나갔다. 여기에 정부 지원으로 몇 명의 인턴을 채용하면서, 2016년 2월 25일에 드디어 첫발을 내딛었다. 자본금은 2천만 원, 사무실은 학동에 있는 작은 코워킹 스페이스였다. 채 10평도 안 되는 창문도 없는 지하 사무실에 컴퓨터 네 대를 놓고 시작했다. 이후의 일들은 빠르게 진행되었다.

튜터링은 2016년 9월에 서비스를 런칭했다. 창업부터 런칭까지 거의 7개월 정도가 걸렸다. 앱스토어에 등록해 승인받기까지는 보름이 걸렸다. 등록 직후 하루이틀은 떨리는 마음을 주체할 수 없었다. 한 시간에도 몇 번씩 앱스토어에 들어가 앱을 검색했다. 혹시 리뷰가 달렸는지, 버그는 없는지, 잘못된 정보는 없는지 기대 반 걱정 반의 마음으로 계속 드나드느라 다른 일을 할 수 없었다.

도움을 줄 만한 지인들에게 모두 연락해 서비스 런칭을 알렸다. 그렇지만 일주일 후, 무언가 잘못되어가고 있음을 깨달았다. 희망찬 기대와 달리 고객은 저절로 늘지 않았다. 그렇게 일주일, 또 일주일이 흘렀다. 이용자 수는 그대로였다. 초조했다. 그동안 준비했던 사업 계획이 잘못된 건 아닐까? 내가 괜한 시도를 한 건 아닐까? 같이 하는 사람들까지 고생시키는 건 아닐까? 내가 제시한 비전은 허황된 것이었을까? 별별 생각들이 머릿속을 채웠다.

사무실 분위기 역시 좋지 않았다. 그동안 함께 고생고생하며 앱을 런칭했지만, 드디어 사업을 본격적으로 시작했다는 흥분이나 설렘은 찾아볼 수 없었다. 지푸라기라도 잡는 심정으로 마케팅을 해보자고 했지만, 할 줄 아는 사람이 없었다. 우리가 할 수 있는 유일한 마케팅은 어쩌다 우연히 방문한 고객들을 절대 놓치지 않는 것뿐이었다.

그래서 채팅 기능을 개발했다. 앱을 설치한 고객에게 우리가 먼저 말을 거는 서비스였다. 이후 관리자용 페이지에 상주하며 고객이 들어오기를 기다렸다. 어쩌다 들어온 고객이 앱 설치를 끝내면 우리는 기다렸다는 듯 말을 걸었다. 이 일을 전 직원이 했다. 모두 어드민Admin 시스템을 열고 한 명 한 명 들어올 때마다 인사말을 건넸다.

"안녕하세요, 튜터링 유저님, 저희 서비스를 어떻게 알고 오셨나요?" "안녕하세요, 반가워요! 영어 공부에 고민이 있으신가요?" 등을 물으며 유저들에게 먼저 다가갔다. 이렇게 대화를 시작하면 유저 중 3분의 1 정도에게 답이 돌아왔다.

이런 서비스가 가능했던 가장 큰 이유는 고객이 워낙 적었기 때문이다. 실시간으로 들어오는 고객은 여섯 명이 충분히 응대할 수 있는 수준이었다. 우리는 사무실에 앉아 모니터를 보며 전 세계 어디에서 올지 모르는 고객들을 기다렸다. 그 상황은… 흔한 말로 피가 마르는 느낌이었다.

그렇게 기다려도 고객들은 거의 늘지 않았다. 간혹 찾아오는 고객들에게는 큰절이라도 하고 싶은 마음이었다. 듣도 보도 못한, 그야말로 듣보잡이었던 우리 서비스를 이용하는 그들이 얼마나 고마웠는지…. 그런 마음으로 한 번 왔던 이들이 다시 찾을 수 있도록 메시지를 보내두곤 했다.

이후 한 달 여쯤 지나자 서서히 고객이 늘어났다. 주로 검색을 통해서 유입됐다. 찾는 고객은 여전히 적었지만 신기하게도 그렇게 방문한 고객들이 유료 수강권 구매로 이어지는 확률이 높았다. 나중에 설문 조사로 알게 되었지만, 이때부터 유입된 고객들은 기존 전화영어 서비스를 경험한 분들이 많았다. 전화영어의 불편함을 개선한 더 나은 서비스를 찾다가 튜터링을 알게 되었던 것이다. 영어 실력을 향상하기 위해 적극적으로 서비스를 찾던 초기 유저들 덕에 우리는 런칭 5개월 만에 월 1억 원의 매출을 달성하며 흑자 전환에 성공했다.

한번 탄력을 받자 놀라운 속도로 유저가 늘어났다. 덕분에 우리도 준비한 것들을 차근차근 실행할 수 있었다. 런칭 다음 해에는 영어에 이어 중국어 회화를 오픈했다. 계속 가파른 성장세가 이어졌다. 2018년에는 애플의 앱스토어와 구글의 플레이스토어에서 모두 교육 카테고리 인기 순위 1위를 기록했다.

20여 명으로 시작한 튜터의 수는 2020년 2천여 명으로 늘어났고, 1만 명이던 회원도 2019년 9월 100만 명, 2020년에는 150만 명으로 기하급수적으로 많아졌다. 누적 다운로드 수는 300만 회를 돌파했다. 매출은 2017년 월 1억 원대에서 2년 만에 월 10억 원대로 런칭 후 2년간 열 배가 뛰었고, 직원 수도 여섯 명에서 70명으로 늘어났다.

이러한 압축 성장은 숫자로 보여지는 것보다 소비자들에게 인정받았다는 점에서 무엇보다 값지다. 2019년과 2020년, 그리고 2021년까지 1:1 영어회화 부문에서 인기투표 1위를 하여 3년 연속 한국 소비자 포럼이 주관하는 브랜드 대상을 수상했다. 약 80만 소비자가 참여해 투표한 결과였다.

소비자를 유치하기는커녕 아무도 입사조차 하지 않으려던 회사, 나를 제외하고 주변의 거의 모두가 실패를 예상했던 사업은 처음 몇 걸음을 비틀거리다가 두 발을 딛고 일어서더니 힘차게 달리기 시작했다.

# 반대의 힘 :
# 거절에도 확신을 가질 수 있다면

첫 사업이었던 튜터링은 공모전에서 탈락한 여러 아이디어 중 하나였다. 탈락 이유를 한 줄로 요약하면 '회사와 맞지 않는다'였다. 당시 몇 달을 꼬박 바쳐서 야심 차게 준비했던 터라 허탈했다. 하지만 나는 이 아이디어를 사장시키지 않고 생각날 때마다 조금씩 손보며 계속 품고 지냈다.

튜터링을 '인생 아이템'으로 선택한 확실한 이유가 있다. 이 아이디어가 내 인생의 숙적과도 맞닿아 있었기 때문이다. 나는 늘 영어 때문에 고민이 많았다. 대학 시절 처음으로 본 토익 시험은 악몽이었다. 시험 보는 내내 너무 지겨워서 결국 도중에 자리를 박차고 밖으로 나가버렸다. 그러다 4학년 말, 취업을 위해 어쩔 수 없이 토익을 봐야 하는 상황이 됐다. 입사를 위한 서류 제출일이 임박해, 그제야 점수를 만들기 위해 부랴부랴 독서실을 다니며 기출문제집을 풀어 750점을 받았다. 그때까지 영어 공부를 그렇게 열심히 해본 적이 없을뿐더러, 그마저도 책으로 문제 풀기 노하우만 공부했다. 평생 영어를 제대로 공부해본 적이 한 번도 없었던 셈이다.

그런데 굴지의 글로벌 회사에 들어오자 대학 시절 어학연수도 안 가고, 외국인을 만날 일도 없던 내가 갑자기 다양한 국적의 브런치 매니저들과 함께 일을 해야 했다. 일상 회화도 버거운 사람이 엄청난 자금이 투입되는 사업에서 영어로 의견을 논하고 결과를 만들어야 했다. 주변의 선후배나 동료들은 업무를 진행하는 데 아무 문제가 없었기 때문에 고민을 나눌 사람도 없었다. 심지어 영어가 더 편하다는 해외파도 수두룩했다. 간혹 그렇지 않은 사람이라고 해도 최소한 나보다 훨씬 뛰어난 어학 실력을 갖추고 있었다. 한국어보다 영어를 더 많이 쓰는 날이면 하루 종일 괴로움에 몸부림쳤다. 회사를 다니는 10여 년 내내 영어 콤플렉스에 시달렸고, 매일 24시간을 고민한다고 해도 과언이 아니었다.

늘 열등감에 사로잡혀 초조했다. 최소한 모두가 바쁜 와중에 나 혼자 알아듣지 못해서 다시 설명해야 하는 일만큼은 피해야 했다. 그러다 보니 퇴근 후 시간은 거의 영어를 배우는 데 썼다. 학원, 전화영어, 이러닝 등 시도하지 않은 방식이 없었다. 회사에서는 일에 시달리고, 집에서는 아이에게 시간을 쏟았지만, 틈틈이 영어 공부를 위한 시간 역시 쥐어짜내야 했다. 그럼에도 나의 영어 실력은 늘 제자리걸음이었다. 한 달에 60만 원이라는 거금을 들여 1:1로 학습한 원어민 과외는 그중 가장 짧은 시간에 확실하게 효과를 본 영어 공부 방식이었다.

원어민 수업 시간에는 나의 태도도 달라졌다. 처음에는 떨리기도 하고 어색하기도 해서 그냥 웃으며 듣고 있다가 다음 수업부터는 뭐라도 말해야 할 것 같아 나름대로 준비를 해 갔다. 문장을 만들어서 연습해보고, 그대로 발음해보기도 했다. 1:1 수업에서 얻은 가장 큰 수확은 실수해도 괜찮다고 편하게 생각하게 된 자신감이었다. 시간이 점점 지나가자 실수할지도 모른다는 공포가 많이 누그러졌고, 영어를 머리가 아닌 몸으로 받아들이게 되었다.

문제는 비용이었다. 너무 과한 비용 탓에 도저히 몇 개월 이상 지속할 수가 없었다. 그때 한 가지 아이디어가 떠올랐다. 만약에 해외의 전문 튜터와 나 같은 사람을 모바일로 연결하는 서비스가 있다면 수업 비용을 많이 낮출 수 있지 않을까? 그 고민을 계속한 결과, 합리적인 비용으로 해외 전문 튜터와 실시간으로 모바일 라이브 레슨을 제공하는 '튜터링'이 탄생했다.

# 콤플렉스의 힘:
# 때로는 나를 움직이는 동기가 된다

신입사원으로 입사한 지 5년 차, 어느 날부터 갑자기 숨을 쉴 수 없었다. 잠을 잘 수도 없었다. 간절히 원하던 회사에서 일했지만 행복하지도, 기대하지도 않은 삶이 이어지고 있었다. 매일같이 이유 모를 불안과 매너리즘을 느끼며 하루하루를 그저 숨죽이며 살아갔다. 10년 혹은 그 이상을 이렇게 똑같이 살아갈 앞날을 상상하니 까마득했다. 아마 직장인 대부분이 한번은 겪는 감정이 아닐까.

당시 직장 생활이 우울했던 이유는 한마디로 콤플렉스 때문이었다. 내가 제안한 아이디어는 대부분 거절당하거나 인정받지 못하다 보니 조직에서 소외되었다는 생각이 점점 나를 짓눌렀다. 그런 부정적인 감정이 매일같이 쌓여갔고, 악몽 같은 날이 되풀이됐다. 내 존재가 부정당하는 느낌이 몇 달간 반복되자 잠이 들면 다음 날이 온다는 사실마저 공포스러웠다. 나는 거절당하기 위해 회사를 다니는 게 아닌데, 또 반복될 것이 뻔히 보였다.

핑계일지 모르지만, 마케터로 일하다가 2009년 갤럭시 시리즈 런칭 즈음 맡은 모바일 UX디자인°은 내가 잘할 수 있는 일이 아니었다. 나는 비전공자인 데다 경험도 전문성도 부족했다. 같이 일하는 팀원들은 나보다 학벌이나 스펙이 좋았고, 석사 학위를 받은

---

● 사용자가 제품이나 서비스를 선택할 때 발생하는 제품 사용 경험User Experience을 제품 디자인의 주요소로 고려하는 작업

결핍 속 기회,
원석 발견하기

사람도 많았다. 아무도 내게 어떤 학교를 나왔는지, 무슨 학위를 받았는지 묻지 않았지만, 내 제안이 거절당할 때마다 나는 상황과 스펙을 의식하면서 점점 위축되었고, 부족한 전문성이 드러날까 더욱더 전전긍긍했다. 회의 시간에 모르는 용어가 나와도 편하게 물어볼 수 없으니 점점 말수가 줄어들었다. 말이나 행동을 조심하면 눈에 띄는 실수를 하거나 비웃음을 당할 확률이 낮아지니까.

매일 아침 회사라는 세계로 돌아오면 금세 막막함이 찾아왔다. 여러 번 그만두려고 마음먹었지만, 월급을 뒤로하고 나올 만큼 경제적으로 풍족한 것도 아니었다. 게다가 어렵게 들어온 회사를 쉽게 그만두기에는 너무 소심했고, 실망하실 부모님 얼굴까지 떠오르면서 결국 사표를 꺼내지 못하고 점점 구석으로 몰리게 되었다.

막상 회사에 출근해서 하는 반복되는 일과에서는 미래가 그려지지 않았다. 정확히는 꽉 막힌 사고와 프로세스에 맞춰 틀에 박힌 일을 하는 게 싫었다. 갖은 고민 끝에 아이디어를 구체화해 발표하면 항상 기존의 기준으로 '안 되는 이유'를 듣는 게 하나의 일이었다. 피드백은 내가 고민한 시간에 비하면 찰나였다. 반박하는 사람의 입장에서는 논리적이고 전문적인 이유가 있었겠지만, 그런 순간이 쌓이면서 나는 다시 한번 모두의 손가락질을 받는 바보가 된 기분이 들었다.

대기업은 조직구조의 특성상 업무가 세분화되어 있고, 직원 개개인에게 자율은 주어지지 않는 편이다. 내가 몸담은 조직도 마찬가지였다. 새로운 서비스가 탄생하기까지 기획과 디자인, 개발 등 모든 직능에서 한 사람이 할 수 있는 역할은 한정되어 있었다. 그 범위를 넘어서 고민하는 것 자체를 경계했고, 어떤 작은 아이디어라도 각 분야의 전문가인 담당자와 중간 관리자의 심사를 받아야 했다.

회사에서 제안할 아이디어를 생각하며 두근거리는 마음으로 잠들었다가 다음 날이면 후회하고 잠 못 이루는 날이 많아졌다. 숨을 쉬고 살기 위해 도전을 했지만, 숨 막히는 미팅을 겪고 나면 어쩔 수 없이 더욱 오그라들었다. '나는 이것밖에 안 되는 사람인가?'라는 생각과 '그래, 내가 이러니 어쩔 수 없지'라는 생각이 머릿속을 오갔다. 자괴감과 냉소로 스스로를 괴롭히며 서서히 나를 죽여갔다.

그래도 어떻게든 다른 방법으로 극복해보려고 했다. 콤플렉스와 부정적인 감정에 집중하는 대신, 내가 잘할 수 있는 일을 찾아보려고 했다. 남들보다 부족한 전문성을 메우려면 무엇을 해야 할까? 이런 고민을 하다가 비록 지금까지 대부분 거절당했지만 줄기차게 떠오르는 아이디어와 실행력으로 정면 승부를 해보자고 다짐했다. 못하는 것을 들여다보면서 괴로워하기보다는 그나마 잘하는 일에 집중하기로 했다. 이제 고민은 그만두기로 했다.

본격적으로 아이디어를 정리하고, 간단히 프로토타입<sup>Prototype•</sup>의 구현 가능성을 그려봤다. 메모지에 가득 담긴 엉성한 아이디어들이 나름의 비즈니스 모델의 꼴을 갖춰가는 과정이 재미있었다. 주말에 데이트를 나가거나 쇼핑하거나 영화를 보더라도 머릿속에서는 계속 아이디어가 떠다녔다. 생활의 모든 장면, 소재를 놓치지 않기 위해 주말 저녁마다 책상에 앉아 열심히 머리를 굴렸다.

## 페인 포인트의 힘: 나만 아는 성공 기회

튜터링 서비스 런칭 후 초기 유료 고객층을 조사하다가 소름 끼치게 놀란 점이 있다. 시작한 지 얼마 안 된 서비스고 광고도 특별히 하지 않았는데, 소수이긴 하나 고객분들이 우리 서비스를 검색해서 찾아 쓰고 있었다! 물론 꽤나 고액인 비용을 결제하고서 말이다.

---

● 본격적인 개발에 앞서 구현 가능성 등을 검증하기 위해 제작하는 시제품

못하는 것을 들여다보면서 괴로워하기보다는
그나마 잘하는 일에 집중하기로 했다.
이제 고민은 그만두기로 했다.

나는 이런 고객들이 어떤 경로로 튜터링을 알고, 또 결제까지 하게 되었는지 그 의사결정 과정이 궁금했다. 그래서 수강권을 증정하는 조건으로 열 명을 무작위로 선택해 전화로 인터뷰했다. 인터뷰 시간은 한 시간이었다. 일명 '페르소나 마케팅Persona Marketing' 방식을 활용해 가상의 타깃 잠재고객을 설정해보기로 했다. 직업과 나이는 물론, 아침에 일어나자마자 어떤 콘텐츠를 소비하고, 어떤 디지털 기기의 서비스를 활용하는지 등을 우선 질문했다. 다음으로는 그동안 어떤 방식으로 공부했는지, 왜 이 서비스를 선택했는지, 영어 공부를 하면서 어떤 갈증이 있었는지 등 영어에 대해 집중적으로 물었다. 한 시간의 인터뷰를 통해 잠재 고객들의 일상생활과 주요 성향을 파악할 수 있었다. 원하던 답을 찾아내자 그동안 안개 낀 것처럼 뿌옇기만 했던 머릿속이 점차 맑아졌다.

무엇보다 놀란 대목은 이분들이 나와 비슷하다는 점이었다. 생활 패턴과 성격, 심지어 어떤 점 때문에 튜터링 서비스를 선택했는지까지…. 내가 응답한 설문지를 보는 느낌이었다. 그들은 대체로 24시간을 쪼개 쓰는 직장인이거나 이런저런 공부와 취업 준비로 한창 바쁜 학생이었다. 디지털 기기에 관심이 많아 새로운 전자제품이 나오면 경험하길 좋아하는 얼리어답터였으며, 종이책보다 이북을 선호하고, 성격이 다소 급한 편이라 목차를 보고 필요한 부분부터 찾아 읽었다. 정보는 네이버보다 구글에서 검색하는 편이고, 웹브라우저는 인터넷 익스플로러보다 크롬을 선호했다. 성격은 도전적이고 외향적이며 미래지향적인 편에 가깝다. 수많은 학원, 온라인 영어 서비스를 경험한 바 있다. 그리고 결정적으로 나처럼 영어에 대한 갈증이 있었다. 현재 영어를 사용해야 하거나 앞으로 사용할 예정이었지만, 마음먹은 만큼 실력이 늘지 않아 답답해했다. 결론적으로 많은 비용을 쏟았음에도 영어 실력은 늘 자신이 없었다.

이보다 더 똑같을 수 있을까? 소름이 돋았다. 이들은 나처럼 영어에 갈증과 결핍을 느끼며 공부 방법을 적극적으로 찾아다닌 사람들이었다. 어떤 광고를 하느냐는 이들에게 별로 중요하지 않았다.

우리 서비스는 24시간 영어 환경을 어떻게 갖출 수 있을지, 어떻게 하면 큰 비용과 시간을 들이지 않고 일상을 유지하면서 원어민과 대화하는 기회를 많이 만들 수 있을지 고민하던 이들에게 쉽고 편한 대안으로 다가간 듯했다. 그래서 서비스 초기부터 1,004회 이상 레슨하며, 영국 연수 과정에 합격한 공무원이나 아홉 번이나 떨어진 영어 면접의 문턱을 열 번째에 극복했다는 사례들이 빠른 속도로 쌓였다.

튜터링은 내가 경험한 강한 결핍, 그러니까 콤플렉스가 어디에서 오는 것인지, 어떻게 해결할지 진지하게 들여다보며 거듭 고민하고, 고민한 끝에 나온 결과물이었다. 그리고 운 좋게도 나의 결핍에 공감해준 많은 사람 덕분에 큰 마케팅 비용 없이 고객을 확보할 수 있었다. 바로 이 포인트가 초기 성공으로 이어졌다.

신생 회사에서 새로운 제품을 시장에 선보이는 경우 개발에 들어가는 에너지는 통상 제품 개발부터 출시, 마케팅 등 전 과정에 필요한 에너지의 10% 정도로 책정한다. 즉, 제품 개발에 관련된 아이디어와 기술적 전문성은 그저 출발에 불과할 수도 있다. 나머지 90%의 에너지는 제품 런칭, CS, 마케팅, 그리고 이 서비스가 과연 시장의 니즈에 맞는지를 검증하고 고객의 목소리에 맞춰 개선 작업을 진행하는 고도화 과정 등에 사용한다. 그리고 이 일들에 따라 사업의 성패가 좌우된다.

문제는 이 모든 과정이 의사결정의 연속이라는 데 있다. 사업을 하다 보면 시간이나 비용 등의 문제로 매번 데이터를 분석해 의사결정을 할 수 없다. 창업자 또는 담당자는 끊임없는 선택의 기로에 서서 짧은 시간 안에 옳은 판단을 해야 한다. 대부분은 객관적인 데이터가 없기 때문에 직관적으로 유사 정답을 고르는 능력이 굉장히 중요하다. 사업은 시간이 가면 갈수록 기회비용과의 싸움이 되기 때문이다. 이때 고객 페르소나를 제대로 이해할 수만 있다면 의사결정 비용과 리스크를 최소화할 수 있다. 흔히들 성공의 첫 단추가 공감을 얻는 데 있다고 말하는 이유다.

이때 발휘되는 힘이 바로 페인 포인트다. 내가 힘들었던 점, 부족했던 점은 타인의 마음을 열기 위한 열쇠로도 작동한다. 페인 포인트에는 단순히 부족함을 깨닫고 열정을 발휘하는 것 이상의 의미가 있다. 나의 경험상 절박감의 크기와 기회는 정비례한다. 당신이 절박감을 제대로 인지하고 앞으로 뚜벅뚜벅 나아가기를 원한다면 말이다. 두드리면 열리는 법. 그러니 이미 누구나 성공의 씨앗을 갖고 있는 셈이다!

## 삼성에서 까인 아이템으로 성공했다?

"삼성에서 까인 아이템으로 성공했다?"

튜터링을 창업했을 때 한 기자님이 나를 이렇게 소개했다. 나는 자극적으로 보일 수도 있는 이 문장이 좋았다. 대기업에서 보낸 초라했던 10여 년이, 힘겨웠던 창업 초기의 시간이 머릿속에서 주마등처럼 지나갔다.

대기업에서는 사내 공모전이 자주 열린다. 삼성전자도 마찬가지다. 나는 거의 매번 기획서를 제출했고, 그때마다 탈락했다. 그럼에도 멈추지 않고 계속 도전했다. 이유는 간단했다. '포기하지 않는 것이 나의 유일한 강점'이었다. 회사 생활을 하면서 어떠한 재능도 인정받지 못했다. 애초부터 스펙이랄 게 없었고, 프로젝트를 성공적으로 이끈 적도 없으니까. 계속 도전하는 것만이 보잘것없는 내가 할 수 있는 유일한 일이었다.

성과가 전혀 없는 건 아니었다. 회사에서는 나를 '계속해서 아이디어를 내는 사람'으로 바라보기 시작했다. 상사와 동료들이 나를 전문성은 부족하지만 도전하는 사람이라고 인식하면서 그게 나의 특성이 되었다. 이 작은 인정 덕에 버틸 수 있었다. 여전히 성과는 내지 못했음에도 '노력형 인재'라는 긍정적인 평가를 받으면서 일말의 자존감을 회복할 수 있었다. 그 덕에 10년이라는 짧지 않은 시간을 견뎌냈다.

그때 나에게 결핍이 없었다면 어땠을까? 부족함을 보완하기 위해 고민하지 않았다면 지금쯤 어떻게 되었을까? 실패로만 점철된 것 같은 그 시간은 역으로 지금의 나를 만든 원동력이었다.

만약 콤플렉스가 있는 누군가가 이 글을 읽고 있다면, 간곡하게 권하고 싶다. 당신이 가진 가장 큰 약점이 무엇인지, 콤플렉스가 무엇인지, 그것을 극복하기 위해 어떤 일을 하고 있는지 생각해보라고. 당신은 지금 어떤 노력을 기울이고 있는가? 스스로에게 질문하고 답을 내보길 바란다. 간절함이 턱 끝까지 차오른 사람이라면 좌절의 문턱에서 새로운 기회를 발견하게 될지도 모른다.

콤플렉스는 결코 남들보다 부족하기 때문에 생기는 것이 아니다. 오히려 자신을 평가하는 기준이 남들보다 높고, 더 큰 성취에서 보람을 느끼는 사람에게 나타나는 경우가 많다. 그러다 보니 단단한 현실의 벽 앞에서 좌절하는 경험이 쌓이고 이상과 현실의 갭 사이에서 괴로워하다가 스스로 콤플렉스를 만들어내는 것이다. 그래서 나는 감히 '극복'이라는 말을 쓰고 싶지는 않다. 극복이 목적이 된다면 또 다른 기준을 통과하기 위해 쫓다가 되레 상처를 한번 더 받을 수도 있다.

반면 창업의 세계에서는 이런 콤플렉스가 대단한 무기가 되기도 한다. 아직 이루지 못한 욕망과 콤플렉스를 발판으로 자신만의 인생 아이템을 찾아 성공한 사례가 적지 않다. 키가 작아 고민이었던 변찬미 대표님은 일명 '키작녀를 위한 감성 코디'라는 콘셉트로 온라인 쇼핑몰인 '소녀레시피'를 열어 성공했고, 워킹맘으로 늘 아이를 제대로 돌보지 못한다는 아쉬움이 컸던 김희정 대표님

'포기하지 않는 것이 나의 유일한 강점'이었다.
계속 도전하는 것만이 보잘것없는
내가 할 수 있는 유일한 일이었다.

은 돌봄 서비스인 '째깍악어'를 만들어 성공했다. 변찬미 대표님에게는 키가, 김희정 대표님에게는 부족한 시간이 콤플렉스였다. 그들은 이를 발판 삼아 높이뛰기에 성공했다.

이러한 예들은 찾아보면 무수히 많다. 그리고 좌절과 상처를 가진 우리에게 하나의 힌트가 된다. 불편함과 아쉬움은 더 이상 '안 될 이유'가 아니라 '성장의 씨앗'이 될 수 있다는 것을 보여준다. 그들은 문제점을 발견했고, 변화하길 바랐고, 계획을 세웠고, 용감하게 실행했다. 그러면서 비슷한 불편을 겪는 사람들의 공감대를 얻었다. 모두 콤플렉스를 역전시킨 사례다. 튜터링은 영어를 배우고 싶지만 기존의 방식으로는 접근이 어려웠던 직장인에게, 째깍악어는 돌봄에 대한 아쉬움과 걱정이 많은 워킹맘에게, 소녀레시피는 키가 작아 기성 의류가 잘 맞지 않았던 여성들에게 큰 힘이 되어주고 있다.

## 완전한 제로에서 다시 시작하다

론칭 후 3년 내 누적 200억 매출, 300만 다운로드와 3년 연속 영어회화 부문 1위 브랜드 대상 수상. 2016년 창업한 튜터링의 지난 시간을 돌아보니 정말 쉴 새 없이 달려왔다는 생각이 들었다. 2021년 상반기 튜터링을 한 단계 크게 끌어올려줄 전문 경영인 장영방 대표에게 인수인계를 하고 나는 또 다른 도전을 향해 깊은 고민을 하기 시작했다. 연쇄 창업을 할 것인지, 투자자 또는 멘토로서 새로운 일을 할지 곰곰이 생각했다. 정말 새로운 분야에 깊이 있게 빠져서 공부를 더 해보고도 싶었다. 몇 달 동안은 깊은 고민에 빠져 매일같이 산을 오르고 한강을 바라보며 앉아 생각을 정리하곤 했다.

결론적으로, 세상을 바꾸고 싶다는 거창한 꿈을 꾸기보다는 성공하든 실패하든 내가 숨 쉬며 살아가는 매 순간순간에 생기와 의미를 불어넣고 싶었다. 회사원 시절 인정받아 온 유일한 한 가지 재능을 살려 나는 연쇄 창업가라는 또다른 도전의 길로 들어섰다.

지금까지의 성장 경험에서 건져낸 여러 조각 중 가장 중요한 진리는 '페인 포인트'에 집착해야 한다는 것이었다. 내 안의 페인 포인트만큼이나 우리가 살아가는 세상에서 필요로 하는 페인 포인트를 알아내는 것이 출발선이다. 그것이 더 많은 사람에게 더 큰 영향을 주는 일이기 때문에, 강렬한 끌림이 존재하는 페인 포인트를 찾아 나섰다.

지금까지의 성장 경험에서 건져낸
가장 중요한 진리는
'페인 포인트'에 집착해야 한다는 것이었다.

## 크리에이터 이코노미, 무섭게 팽창 중인 기회의 땅, 숙제를 발견하다

우리는 매일같이 소셜미디어 앱을 사용한다. 전 세계 소셜미디어 사용자 35억 명 중 70%는 자신이 호감을 갖는 인플루언서를 팔로 또는 구독하며 이들의 콘텐츠를 매일 소비한다. 또한 밀레니얼세대는 평균 열 명 이상의 인플루언서 콘텐츠를 구독하고 있었다. 실제로 초기에 아이디어를 검증하기 위해 네 개 그룹을 선정하여 FGI^Focus Group Interview를 진행했는데, 특정 아티스트나 인플루언서를 좋아하는 팬덤 집단의 경우 매일 세 시간 이상 해당 콘텐츠를 소비한다는 놀라운 사실을 알게 됐다. 관련 산업의 성장 속도도 무척 놀라웠다. 2017년부터 2020년까지 인플루언서 관련 광고 예산만 해도 500%가 증가하는 등 짧은 기간 동안 무척 빠르게 팽창하는 중이었다. 더 말할 것도 없이 밀레니얼세대의 생애 전반에 걸쳐 엄청난 영향력을 지니고 있는 크리에이터들은 우리 시대의 새로운 문화이자 권력이었다.

하지만 크리에이터 이코노미는 수학적인 계산으로 돌아가는 시장이 아니다. 얼마나 특수한 IP, 콘텐츠를 갖고 있는지, 커뮤니케이션의 농도와 팬, 구독자와의 애정과 로열티 등 다양한 변수가 개개인의 크리에이터가 가진 영향력을 좌우한다. 이런 불안정한 부분이 흥미로웠다. 동원할 수 있는 모든 인맥을 총동원하여 트위터, 유튜브, 틱톡, 트위터 등 다양한 소셜 미디어에 의존도가 높은 뮤지션, 셀러브리티, 작가, 유튜버 등을 스무 명 이상 찾아다니며 인터뷰를 했다. 우리 시대의 새로운 권력, 대중들이 부러워하는 이들이 갖고 있는 페인 포인트는 무엇일까?

인터뷰한 대부분의 크리에이터들은 '정기적인 그리고 장기적인 수익 모델'에 대한 공통된 불안이 있었다. 그들의 주된 수익원은 SNS 플랫폼, 또는 PPL 등 광고 모델이었다. 그러다 보니 현재 유튜브 채널 또는 본인의 채널이 많은 관심 속에 잘 되고 있어도 콘텐츠를 쉴 새 없이 고민해야 하고, 주요 수익모델이 광고이다 보니 엄청난 트래픽을 유지해야 한다는 부담이 크게 자리 잡고 있었다. 뛰어난 재능과 콘텐츠를 가진 이들이 유튜브 또는 인스타그램에서 수만의 구독자를 모아도 월급과 같은 안정적인 수익 모델을 갖는 것이 쉽지 않았다. 광고 수익에 대한 압박은 크리에이터의 콘텐츠 품질에 악영향을 주는 가장 큰 요인이었다. 21세기에 수많은 소셜 미디어와 방송 매체가 나타났고, 발전과 혁신을 거듭했다. 하지만 플랫폼이 어떻게 변하든 이들의 재능과 노력을 정당하게 수익화하는 방법은 여전히 '광고' 모델이 거의 유일하다는 데 주목했다.

크리에이터 이코노미를 공부하면서 알게 된 놀라운 사실이 있다.

첫째, 전 세계적으로 유의미한 수익을 내는 크리에이터는 5천만 명에 이르고 빠른 증가세에 있다.

둘째, 약 24억 명의 유저가 크리에이터의 콘텐츠를 매일 소비하며, 이 중 일부는 세 시간 이상을 소비한다.

셋째, 메가 셀럽 시장의 가치는 금액으로 환산시 80억 달러(약 10조)에 달한다.

넷째, 셀럽의 주무대였던 글로벌 방송국들의 전체 광고 시장은 총 960억 달러인 반면 유튜브의 기업가치는 1700억 달러에 이른다.

하지만 이러한 놀라운 사실에도 불구하고 우리나라에는 모두가 알 만한 유명한 엔터테이너, 작가 등 다양한 분야의 크리에이터 대부분이 여기저기 흩어져 있는 본인들의 콘텐츠와 팬, 구독자들을 한데 모을 수 있는 홈페이지조차 없는 현실이다.

어느 정도 본인의 특징적인 콘텐츠와 IP가 뚜렷한 크리에이터는 자체 브랜딩과 D2C Direct to Customer 브랜딩에 대한 니즈가 굉장

---

《Market Insight Reports 2019》, Creator marketing hub 2021

히 강했다. 하지만 현실적으로 자체 플랫폼이나 디지털 브랜딩을 위한 개발팀을 꾸리기에는 한계가 있었다. 잠시 노출되는 플랫폼에 입점되는 것이 아닌 크리에이터만을 위한 브랜드와 콘텐츠를 만들어주는 SaaS(서비스형 소프트웨어)와 같은 플랫폼이 필요했다.

실리콘밸리의 사례를 보니, 이미 크리에이터 이코노미는 스타트업 투자 시장의 트렌드였고, 크리에이터의 후원 및 구독 페이지를 제공하는 패트리온Patreon이나, 셀럽의 영상을 담아 팬에게 보내며 수익화를 하는 카메오Cameo 등 광고가 아닌 다른 방식으로 크리에이터가 후원받는 형태의 플랫폼이 생겨나고 있었다.

우리 팀은 크리에이터, 아티스트, 셀럽이 가진 인지도를 수익화하는 채널이 광고가 아닌 IP와 콘텐츠 자체로 효율적으로 수익화하는 수단이 필요함을 느꼈다. 그래서 IP를 기반으로 한 온오프라인 유료 이벤트와 커뮤니티 모델을 수익화하는 방향으로 고민하기 시작했다.

우리는 크리에이터 생태계에 큰 도움을 주기 위해서는 크리에이터, 아티스트 개인의 브랜드가 플랫폼이 될 수 있는 비즈니스 도구를 제공해야 한다고 보았다. 자신의 브랜드 사이트를 쉽게 개설하고 유료 라이브 이벤트 티켓 및 굿즈 등의 커머스를 본인 SNS 등의 채널에서 쉽게 판매할 수 있는 간단한 솔루션을 제공하는 것이다. 이를 위해 크리에이터 콘텐츠 수익화 플랫폼인 빅크 스튜디오를 만들었다.

크리에이터가 기존 소셜 미디어 등의 매체를 통해서도 독자를 모으지만, 빅크는 본인 스스로 하나의 브랜드가 될 수 있도록 지원하는 크리에이터 전문 가상 이벤트 플랫폼이다. 크리에이터의 디지털 브랜딩을 위한 홈페이지는 물론 팬, 구독층과의 장기적인 관계를 위한 커뮤니티 시스템을 제공한다. 또한 각자의 브랜드 홈에서 SNS처럼 흩어진 콘텐츠를 아카이브하는 것은 물론, 유료 커뮤니티 운영, 가상 라이브 이벤트 티켓팅, 스토어 등을 자유자재로 오픈할 수 있도록 개발했다.

## 크리에이터 테크 스타트업 빅크의 탄생

빅크는 크게 볼 때 크리에이터 산업이란 카테고리에 속해 있지만 기존 기획사나 MCN과는 다르다. 그래서 R&D 기술과 제품이 중심이 되는 크리에이터 테크 스타트업으로 정체성을 정했다. 또한 사업의 미션을 'We maximize creators' value' 즉, 빅크를 통해 크리에이터의 가치 극대화를 목표로 삼았다. 즉, 우리의 사명은 크리에이터의 선한 영향력을 새로운 IT기술을 활용하여 극대화하는 것이다. 우리는 크리에이터의 선한 영향력을 위한 큰 통로가 되길 원한다. 앞으로 대기업보다 더 큰 가치를 지닌 슈퍼 개인의 시대가 올 것이다. 그래서 회사명 역시 Big Creativity, Big Creator, Big Channel의 약자인 BIGC(빅크)로 지었다. 감사하게도 방향성에 공감한 업계 최고로 인정받는 개발총괄이 공동 창업자로서 시작부터 함께했다. 또한 이 아이템에 매력을 느낀 수백만의 팔로워를 지닌 크리에이터 몇 분이 론칭 라인업에 포함되면서 2021년 5월 말 법인으로 설립한 지 채 세 달도 안 되어 약 45억 원의 시드 투자 유치와 5억 원의 R&D지원까지 성공적으로 받았다. 여기에다 자본 시장이 경색되어 투자 업계에 극심한 가뭄이 계속되는 2022년 현재, 공식 런칭 전 대규모 협력 파트너사 등을 통해 50억의 투자금을 추가로 유치했다. 공식 런칭을 앞두고 95억 원이라는 두둑한 투자금과 든든한 파트너십의 지원 속에 출발선에 섰다. 튜터링으로 첫 창업할 때 첫 투자유치금이 2천만 원이었다면, 두번째 창업에서는 수 백배에 달하는 거금의 투자를 받고 시작하게된 셈이다.

　2022년 11월, 공식 론칭을 앞두고 우리는 20여 명의 크리에이터 팀과 인터뷰를 통해 이들의 페인 포인트를 지속적으로 탐구했다. 그렇게 알면 알수록 우리가 나아가야 서비스 개발 방향은 뚜렷해졌다. 두 번째 창업은 시장에서 어떤 평가를 받을까, 과연 크리에이터의 고민을 해결할 수 있을까. 떨리고 두려운 마음이 크다. 하지만 정말 풀고 싶은 숙제가 너무 많은 시장에서 다시 새로운 여정을 시작했다는 것만으로도 감사하다.


## 시장에 맨몸으로 던져지며 알게 된 것들

실패하는 프로젝트 전문이던 나는 이제 튜터링, 빅크라는 유망한 포트폴리오를 갖게 되었다. 그렇게 되니 언론 인터뷰에서도 많은 질문을 받기도 했다.

"어떻게 압축 성장을 하게 되었나요?"
"경쟁이 치열한 시장에서 성공하는 서비스를 만든 비결은 무엇인가요?"
"가장 어려웠던 점은 무엇인가요?"

나는 이런 질문을 받을 때마다 대답하기가 망설여진다. 아니 어렵다. MBA 과정이나 직장을 다니며 배운 것들, 언론에서 보거나 책에서 읽은 성공 공식이 내 케이스와는 전혀 달랐기 때문이다.

앞서 이야기했듯이 흔히 이야기하는 사업의 성공 공식은 팀의 능력, 자본력, 인프라다.

처음 창업을 시작했을 때 내게는 이 세 가지가 모두 없었다. 대신 남들보다 더 많이 가진 것이 하나 있었다. 결핍의 경험과 절박함. 창업을 하고 맨몸으로 시장에 던져지면서 알게 되었다. 회사에서 나를 비참하게 한 스펙과 전문성은 생존을 위한 필수 조건이 아니었다. 풍족한 자본력과 인프라 역시 오히려 불필요할 때가 많았다.

회사에 있을 때 내가 참여했던 프로젝트는 모두 팀의 능력, 자본력, 인프라가 완벽하게 갖춰져 있었음에도 끝이 아쉬웠다. 세 가지 성공 공식이 결코 서비스의 성공을 보장해주지는 못했다.

다른 몇몇 팀의 사례도 떠올랐다. 그중 한 팀은 박사급 인재와 화려한 경력의 팀원들이 뭉친 드림팀처럼 사내에서도 선망의 대상이었다. 나 또한 그들이라면 100% 성공할 것이라 확신했다. 뛰어난 인재들이라 '팀의 능력'이라는 가장 중요한 성공 요인을 확보했다고 생각했다. 그런데 프로젝트 초기부터 그 팀은 의외의 모습을 보였다. 서비스 런칭 예정일은 한 달 두 달 미뤄지더니, 결국 런칭도 하지 못한 채 사업을 접고 흩어졌다.

스타트업 업계에서는 이런 사례들을 왕왕 찾아볼 수 있다. 창업기 등이 기사화될 때면 '어디 출신의 누구 누구'라며 항상 창업자나 창업팀의 화려한 스펙이 강조된다. 하지만 그것이 성공한 사례의 필수 조건은 아니다. 유니콘(기업가치 1조 원의 스타트업)을 넘어 데카콘(기업가치 10조 원의 스타트업)으로 올라선 야놀자의 이수진 총괄 대표님은 모텔에서 청소하는 일을 하다 지금의 기업을 일궈냈다. 그는 어려서 부모님을 여의고 어려운 유년시절을 보냈다. 열악한 환경 속에서 제대로 된 보살핌과 교육을 받지 못했기에, 초등학교 5학년 전까지는 한글도 제대로 읽지 못했다고 한다.

대표님은 돈을 많이 벌겠다는 열망에 닥치는 대로 일을 하기 시작했다. 할 수 있는 일은 뭐든 가리지 않았고, 그중에는 숙식을 해결할 수 있는 모텔 일도 있었다. 청소, 주방일 등 잡다한 업무가 많은 모텔에서 다양한 경험을 쌓다 보니 자연스럽게 현재의 종합 숙박 예약 시스템인 야놀자 사업을 구상하게 되었다.

첫 창업 튜터링도 실패와 콤플렉스가 기반이었다. 이를 단지 '오기'나 '열정'으로 치부하기에는 그 이상의 무언가가 있었다. 두 번째 창업인 빅크 역시 오기나 겉으로 보이는 화려함이 아닌 첫 사업에서 얻은 노하우와 페인 포인트에 천착하는 경험을 바탕으로 시작할 수 있었다.

성공의 동력에 대해서는 사업을 하는 내내, 그리고 지금 글을 쓰고 있는 이 순간도 꼭 연구해서 알아내고 싶다. 우리 대부분은 충분한 실력과 자본력, 인프라를 갖추고 있지 않다. 게다가 세상 일이라는 게 그리 간단하지가 않아서 '이 모든 걸 갖춘다면, 성공한다'라는 공식도 결과론적인 해석일 뿐이다. 대신 10년간 대기업에서 몸담고, 이후 연쇄 창업을 하면서 내가 깨달은 것은 '완벽하게 준비되지 않더라도 어떤 일이든 도전할 필요가 있다'는 것이다. 그 이유는 누구나 갖고 있는 콤플렉스와 결핍에서조차 자신만의 성공 기회를 찾을 수 있기 때문이다.

결핍은 탓한다고 나아지지 않는다. 주어진 사회 구조와 환경에 대한 불평, 분노, 갈증을 그대로 두고, 술 한잔할 때마다 안주처럼 씹어 먹는 건 아무런 변화도 가져오지 않는다. 그보다는 부정적인 감정을 실행 에너지로 전환하는 방법을 연구하고 적용하는 편이 훨씬 건설적이다. 이게 바로 페인 포인트다. 물론 어디선가 들어본 말일 수도 있다. 하지만 누구나 안다고 해서 모두가 실행에 옮기는 것은 아니다. 길은 바로 여기에 있다. 그러니 나처럼 극심한 경쟁에 내몰렸거나 비슷한 좌절을 겪었거나 자괴감을 겪는 직장인이 있다면, 이 책을 읽으면서 자신만의 페인 포인트를 찾아보길 바란다.

그리고 개개인의 발견에 도움이 되고자 나를 비롯한 몇몇 창

10년간 삼성에서 몸담고,
이후 연쇄 창업을 하면서 내가 깨달은 것은
'완벽하게 준비되지 않더라도
어떤 일이든 도전할 필요가 있다'는 것이다.

업자들이 실제로 사업 아이템을 발견한 방식을 도식화해 누구나 자신의 상황을 대입해볼 수 있는 템플릿을 공유한다. 다음의 셀프 진단과 마인드 부스터 툴을 보면서 내일이 더욱 설레는 나와 마주하는 기회가 되었으면 좋겠다.

# 셀프 진단 및 기회 도출하기

**셀프 진단 1** 지금까지 살아오면서 극복하고 싶은 실패, 콤플렉스가 있나요?

**기회 발견하기** ✎

........................................................................

........................................................................

........................................................................

........................................................................

........................................................................

**셀프 진단 2** 그중 24시간 내내 실행에 옮겨도 지치지 않을 주제는
무엇인가요?

**기회 발견하기** ✎

........................................................................

........................................................................

........................................................................

........................................................................

........................................................................

**셀프 진단 3** 내가 잘할 수 있는 일은 무엇인가요?

**기회 발견하기** ✎

_____
_____
_____
_____
_____

**셀프 진단 4** 그중에 타인에게도 이로운 일은 무엇인가요?

**기회 발견하기** ✎

_____
_____
_____
_____
_____

**셀프 진단 5** 어떤 문제를 해결해야 나와 타인 모두에게 이익이 될까요?

**기회 발견하기** ✎

_____
_____
_____
_____
_____

셀프 진단 6 내가 지치지 않고, 열정을 갖고 해냈을 때 타인에게도 이익이
되는 일은 무엇인가요?

**기회 발견하기** ✏

.................................................................................................................

.................................................................................................................

.................................................................................................................

.................................................................................................................

.................................................................................................................

성공 기회를 발견하는 서클

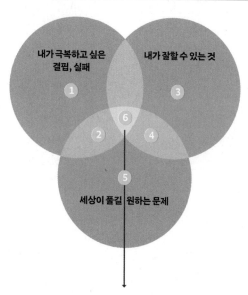

내가 극복하고 싶은
결핍, 실패

내가 잘할 수 있는 것

1

3

6

2

4

5

세상이 풀길 원하는 문제

당신은 어떤 열망과 기회를 가졌나요?

# 나만의 원석에 기름붓기

**기름 붓기**
꿈을 찾기 위한 연료 충전

## 당신의 비전은 무엇입니까?

혹시 당신이 직장인이라면, 이런 질문을 던져보고 싶다.

"지금 하는 일의 비전 Vision 은 무엇인가요?"

"지금 다니는 회사의 비전과 미션 Mission 은 무엇인가요?"

이 질문은 내가 기업에서 강연할 때마다 던지는 질문이기도 하다. 이 질문을 받은 직장인의 95%는 제대로 답을 하지 못했다. 무엇보다 '비전'이라는 단어에서부터 말문이 막혔다. 이 무슨 초등학교 시절 교장 선생님 훈화 말씀에서나 쓸 법한 단어인가? 직장을 다니던 때는 나 역시 그런 생각을 했었다.

내가 10년 동안 다녔고 애정도 깊었던 삼성전자의 비전은 '인재와 기술을 바탕으로 / 최고의 제품과 서비스를 창출하여 / 인류사회에 공헌한다'였다. 한때는 자다 깨서도 외울 수 있을 정도로 수

백 번도 더 되뇌고 훈련까지 받았는데, 이 글을 쓰면서 어쩐지 잘 떠오르지 않아 회사 홈페이지를 한참이나 뒤적거렸다.

지금은 어떨지 모르지만, 내가 삼성전자에 입사했던 2006년에는 모든 신입사원이 한 달 반의 그룹 연수 기간 동안 이 비전의 철학과 만들어진 역사를 세세히 배워야 했다. 연수원에 입소하기 전에는 '삼성의 역사'에 대한 책을 한 권 읽고 독후감을 써야 했다. 입소한 후에도 모든 팀이 연수 중에 꼭 읽어야 하는 삼성 관련 책을 숙제로 받았다.

당시 내가 받은 것은 연극 대본집이었다. 이병철 회장님이 삼성을 창업했을 당시를 자세하게 묘사한 연극 대본이었다. 팀원들은 대사를 외워 직접 연기도 해야 했다. 더 자연스러운 연기를 위해 각 팀별로 연기지도 선생님까지 배치되었다. 이상하게도 연극을 준비하는 과정에서 그전까지 있던 모종의 '거부감'이 '경쟁심'으로 바뀌어 다른 팀보다 훨씬 잘 해내기 위해 열정을 불살랐다. 그러면서 점차 연극을 무대에 올리기까지의 모든 과정을 즐기게 되었다.

돌이켜보면 놀이 같던 그 연극은 갓 삼성맨이 된 우리를 위한 정교한 훈련이었다. 신입사원들은 이병철 회장의 일대기를 토대로 만든 연극의 등장인물을 직접 연기하면서 삼성의 비전을 머리와 마음에 새기고 따르게 된다. 이처럼 정교하게 짜인 교육 과정이자

신경 써서 주입한 비전이지만, 나는 삼성전자에서 일하는 10년 동안 단 한 번도 이 비전을 떠올려본 적이 없다. 당연히 비전을 품고 설레는 경험도 없었다.

이유는 간단했다. 대부분의 직장에서 그렇듯 나 역시 그 비전의 주체가 아니었다. 업무는 대부분 이미 짜인 틀에 맞춰 서비스를 운영하거나 프로세스의 일부가 되는 과정이었다. 어떤 서비스를 런칭하기 위해 화면을 설계할 때도 기존의 가이드라인을 따라야 했다. 필요한 기능에 맞춰 가이드를 찾아서 비슷하게 그리고, 컨펌을 받은 후 수정하고, 관계자들에게 또다시 컨펌을 받고, 최종적으로 부서장에게 승인받는 과정을 반복한다. 이미 잘 돌아가는 기계의 어느 한구석에 자리한 작은 부품이랄까. 이 상황에서 '인류에 공헌하기 위한 최고의 제품을 만들어야지'라는 마음가짐은 좀처럼 생기지 않았다.

## 활활 타오르기 위한 기름칠

비전과 관련된 실험이 하나 있다. 애덤 그랜트 Adam Grant 와튼스쿨 교수가 대학원생을 파트타임으로 고용해 성공한 졸업생들에게 연락해 장학금을 모으는 일을 하게 되었다. 그런데 좀처럼 성과가 나지 않았다. 그랜트 교수는 어떻게 성공적으로 모금할 수 있을지 고민하다가 그룹을 두 개로 나눠 작은 실험을 진행했다. 두 그룹 모두 모금에 성공하면 그에 따른 인센티브를 제공하는 것까지는 동일한데 조건이 달랐다. A그룹에게는 성공 보수를 현금으로 지급하기로 한 반면, B그룹에는 장학금 혜택을 받은 학생들의 감사 인사를 직접 듣게 했다.

어떤 그룹이 더 성과를 냈다고 생각하는가? 답은 B그룹이다. 자신이 한 일 덕분에 타인의 삶이 극적으로 변화하는 것을 보여주자 더욱 큰 실적이 나왔다. 이 실험은 돈과 같은 물질적 보상도 중요하지만, 실제로 사람을 움직이는 강력한 동기가 마음에 있다는 점을 알려준다.

나는 이 실험 결과를 우리의 문제로 가져오고 싶었다. 그동안 당신이 일과 회사를 선택할 때 가장 중요한 것은 무엇이었는가? 미래에 내가 원하는 모습으로 성장할 수 있는 곳보다 연봉 조건이 괜찮은 곳을 택하지 않았나? 또는 다른 사람의 시선을 의식해 기업 규모나 명성 등 외재적인 동기에 끌리지 않았나? 그게 현명한 결정이라고 생각하지는 않았나? 나 역시 그랬다.

이런 문제를 왜 생각해야 하는지조차 몰랐나. 공부의 목적을 고민해보지도 않은 채 누구나 알 만한 '대학교'에 입학해야 했고, 안정적인 수입을 주는 '회사'에 입사해야 했고, 너무 늦지 않게 '결혼'이란 것을 해야 했고, 다른 사람처럼 '가정'을 이뤄야 했다. 누구나 그래왔던 것처럼 말이다. 생애주기에 따라 세상이 이미 정해놓은 단계를 하나씩 클리어하는 게 진짜 잘 사는 인생이라고 착각하며 살았다.

서른 살이 넘어서도 달라지지 않았다. 내게 부과된 사회적 의무와 기대를 열심히 해결하며 살아왔는데, 어느 순간 고개를 들어보니 해결해야 할 과제가 여전히 산더미처럼 쌓여 있었다. 부모님, 동료, 친구의 사회적 시선이 불편하면서도 안전하게 정해진 틀을 벗어날까 늘 두려웠다. 주어진 업무를 해결하면서도 별로 기쁘지 않았다. 아주 잠시 뿌듯했고 스스로가 대견했지만, 그 감정은 오래가지 않았다. 그보다는 허탈감이 더 컸다.

나는 왜 그랬을까?

그때까지는 진짜 열망이 무엇인지, 삶의 초점을 어디에 맞춰야 하는지조차 몰랐다. 어렴풋하게 내가 원하는 바가 있는 것 같았지만, 정확하게 무엇인지는 알 수 없었다. 그러다 창업을 하고 나서

"1%만 누렸던 최고 수준의 교육을
99%와 나눈다."
이것을 나와 동료들이
함께 이루어가야 할 목표로 삼았다.

야 알게 되었다. 회사를 운영하다 보니 기준과 절차를 처음부터 새롭게 만들어야 했다. 고민의 고민을 거듭하며 회사를 운영하는 이유를 생각했다. 기회비용과 성공 확률을 고려하면, 분명 돈은 아니었다.

하지만 결핍을 충족하고 자아를 찾기 위해 사업까지 할 이유는 없다. 다들 좋다는 회사를 그만두고 월급 10만 원을 받으며 사업을 시작하게 만든 힘은 무엇일까?

이 고민 끝에 "1%만 누렸던 최고 수준의 교육을 99%와 나눈다."라는 튜터링의 비전을 만들었고, 이것을 나와 동료들이 함께 이루어가야 할 목표로 삼았다. 해야 할 일, 만들고 싶은 세상에 대한 그림을 만드는 것은 동료들의 마음을 모으는 데 매출액이나 회원 숫자보다 더 효과적이었다.

나는 최고 수준의 교육을 문턱을 낮춰 대중화하고 싶었다. 이를 기반으로 "경제력이 교육을 지배하지 않는 세상을 만든다."는 사명을 내걸었다. 사회적으로 유행어가 된 '선한 영향력'을 떠올리게 하는 번지르르한 이야기로 들릴지도 모르지만, 그보다는 내 결핍에서 나온 비전과 사명이었다. 나는 나의 경험이 우리의 서비스와 팀에 긍정적인 영향을 주길 바랐다. 나뿐 아니라 많은 사람이 비슷한 결핍으로 상처받았거나 고통스러운 시간을 보냈으리라 생

**나만의 원석에
기름 붓기**

각한다. 그래서 더 많은 사람이 경제력과 상관없이 교육 서비스를 누렸으면 좋겠다는 마음으로 튜터링을 이끌어갔다.

미션을 정할 때는 나에게 가장 소중한 가치가 무엇인지 먼저 알아야 한다. 우리의 미션은 교육 분야의 절실함에 대한 응답이었다. 비록 사업을 시작할 때 미션을 세우고 시작한 것은 아니지만, '내가 꼭 이뤄내야 할 것'을 확실히 하기 위한 일종의 마인드 트레이닝을 했다. 그 과정에서 굳이 꺼낼 필요가 없었던, 그리고 그동안 잊고 지냈던, 혹은 잊고 싶었던, 학창 시절로 돌아가 내가 세운 미션의 진정성과 가치를 한번 더 살펴보았다.


## 분노는 진짜 나의 힘

중학생 때였다. 학교가 끝나고 집에 막 돌아온 길이었다. 현관문은 부서져 있었고, 가전이며 가구에 빨간 딱지가 덕지덕지 붙어 있었다. 어머니는 바닥에 주저앉아 눈물을 흘렸다. 알고 보니 어음을 막지 못해 아버지의 사업이 부도 처리된 것이었고, 그 길로 집안은 풍비박산이 났다. IMF의 직격탄을 피해 가지 못한 것이다. 살던 집에서 쫓겨나 영화 〈기생충〉에 등장하는 반지하 단칸방 같은 곳에서 다섯 식구가 생활했다.

급식비조차 지원받아야 하는 혹독한 가난이 시작됐다. 더 이상 공부와 입시는 나의 현실도 미래도 아니었다. 고등학교에 진학하고서도 상황은 달라지지 않았다.

당장 하루 벌어 하루 먹고살기도 벅찰 만큼 가난한데 대학에 갈 수 있을 리 없었다. 매일 지각하고 대충 수업을 때우며 의미 없이 학교에 가는 날이 많아졌다.

고등학교 2학년 어느 날,

여느 때처럼 1교시가 지날 무렵 학교에 들어섰다. 나는 당시 유행하던 하이힐을 신고 몸에 딱 맞게 줄인 교복을 입고 있었는데, 복도에서 교장 선생님과 딱 마주쳤다. 그는 나를 보자마자 분노에 차 소리를 지르며 복장과 건방진 태도 등을 나무랐다. 아마도 제대로 인사조차 하지 않는 불량한 자세, 단정하지 못한 복장 때문에 심각한 문제아라고 생각한 게 틀림없었다.

"지금이 몇 시인데 학교에 오냐? 이 차림은 뭐냐? 대체 커서 뭐가 되려고 이러고 다니냐?"라며 나를 혼내던 말투가 아직도 생생하다.

화를 참지 못한 교장 선생님은 기어이 나를 구둣발로 마구 차기 시작했다. 분노에 찬 시선과 말투에서 나는 스스로를 사회와 격리해야 할 쓰레기처럼 느꼈다.

발길질은 인간 쓰레기를 처단하는 맹목적인 의식 같았다. 한참 폭언과 구타를 당하고 있던 그때, 담임 선생님이 나를 발견했다. 중년의 여자 선생님은 곧바로 상황을 파악했다. 그러고는 교장 선생님께 이렇게 말씀하셨다.

"저희 반 애예요. 제가 데려가서 더 혼내겠습니다."

그러면서 내 머리를 한두 대 쥐어박으신 후, 손을 꼭 잡고 데려갔다.

너무 창피했다.

이렇게밖에 살아가지 못하는 내 인생이.

그리고 분노했다.

밑바닥에서 산다고 무시당한 기분이었다. 철없는 마음에 어떻게든 복수할 마음을 먹었다. 화를 참을 수가 없어서 친구들과 학교에 불을 지를까도 생각했다. 더 이상은 잃을 것도 지킬 것도 없었다. 그때, 불쌍한 우리 어머니와 내게 관심을 준 유일한 어른인 담임 선생님이 생각났다.

나는 분노의 에너지를 공부에 쓰기로 결심했다.

제대로 복수해야 하니 '정말 열심히 공부해보자'고 다짐했다. 보란듯이 성공해서 나를 무시하며 괴팍하게 폭행을 가하던 교장 선생님께 보여주고 싶었다. 학교에서 유일하게 나를 따뜻하게 바라봐 준 담임 선생님께 당당해지고 싶었다.

공부를 하기로 마음을 먹었으나 학원이나 과외 같은 사교육은 꿈도 꿀 수 없었다. 알아서 공부해야 했다. 그러다 안 되겠다 싶어서 도강까지 생각했다. 그만큼 절박했다. 대학 입시를 준비하며 내가 알아볼 수 있는 유일한 사교육이었다.

분노의 힘이 긍정의 에너지로 전환되면 큰 힘을 낼 수 있다는 사실을 그때 처음 알았다. 매일같이 이를 갈고 울면서 1년 반 동안 공부했다. 공부를 시작하기 전 내 등수는 그저 그런 수준이었는데 졸업할 때는 전교에서 20등, 반에서는 2등을 기록했다.

그렇게 대학에 들어갔다. 입학하고 나서는 등록금과 생활비를 마련하기 위해 각종 아르바이트를 시작했다. 웹디자인 기술을 배워서 웹사이트를 만들기도 하고, 과외를 하면서 나이에 비해 적지 않은 돈을 벌기도 했다.

내게 과외받는 학생들은 대부분 중산층 이상의 집안 아이들이었다. 아이들의 부모님은 자녀 학업에 관심이 많았고, 큰 비용이 들어가는 사교육에 투자하는 걸 아까워하지 않았다. 내가 맡은 아이들은 대부분 과외를 받으면서 단기간에 성적이 드라마틱하게 올랐는데, 그 성취감이 대단했다. 그러면서 마음 속 한편으로는 '만약

나도 이 친구들처럼 어릴 때 이런 기회가 있었다면 얼마나 좋았을까' 하는 생각을 종종 하곤 했었다.

## 분노, 좌절, 결핍이 투영된 첫 창업의 미션

이러한 뼈에 사무친 기억들은 '경제력이 교육을 지배하지 않는 시대를 만들자'는 미션의 기반이 됐다. 우리 서비스는 시간과 경제력이 있는 엘리트 직장인만을 대상으로 하지 않는다. 전교 1등을 노리는 중고등학생이나 자녀를 영어 유치원에 보내려는 학부모 또한 타깃 소비자가 아니다. 경제적 여유가 없다면 접근하기 어려운 과외 같은 기존의 교육 서비스를 온라인화하고 대중화하는 것이 목적이다. 또한 합리적인 가격으로 교육 서비스를 제공해서 더 많은 사람에게 제공하는 것이 목표이자 사명이다.

그렇다면 1%만 누리는 교육 서비스가 무엇일까? 나 같은 직장인 입장에서는 1:1 원어민 과외 비용이 부담이었다. 단기간에 확실한 효과를 봤기에 비용에 대한 아쉬움은 더욱 컸다. 원어민 과외보다 훨씬 효과적인 어학연수는 시간과 비용 모두 충족되어야 가능하다. 튜터링을 시작하면서 어학연수나 원어민 과외를 현실화, 대중화하는 방법을 절실하게 고민했다.

그러다가 해외에 있는 전문 튜터를 비용이 많이 드는 콜센터나 VOIP 등의 인터넷 시스템 없이 연결할 수 있는 방법을 찾았다. RTC 기술을 기반으로 모바일에 최적화할 수 있는 시스템을 구현한 것이다. 이 방법으로 시스템 구축 비용을 최소화했고, 여기서 절감된 비용을 소비자 혜택으로 돌렸다. 덕분에 소비자가를 기존 1:1 회화 대비 저렴하게 책정하고, 시공간에 제한이 없는 모바일 강의의 특성상 많은 사람에게 동시에 서비스를 제공할 수 있었다. 당연히 튜터에게 돌아가는 수업료도 일반 1:1 회화보다 높아졌다. 기술이 뒷받침해준 덕에 튜터링은 안정적으로 나아갔다.

튜터링의 새로운 서비스들은 계속 이 미션을 바탕으로 만들었다. 2020년 하반기에 런칭한 튜터링 주니어 역시 비슷한 관점에서 접근했다. 그동안 영어 유치원, 어학원 등은 높은 비용을 지불해야만 받을 수 있는 제한적인 서비스였다. 우리는 대중화된 가격으로 온라인과 모바일에서 쉽게 접근할 수 있는 영유아 어학 서비스를 만들고 싶었다. 튜터링 중국어, 튜터링 B2B 서비스 모두 같은 고민으로 접근해 문제를 해결했다. 우리가 주목한 문제 의식이 대중의 공감을 사면서 튜터링은 초기부터 나름의 성과를 맛볼 수 있었다.

그래서 나는 신입사원이 입사하면 가장 먼저 튜터링의 교육과 IT기술에 대한 신념과 철학을 이야기한다. 그러고 나서 팀의 미션을 자랑스럽게 소개한다.

"우리는 언제쯤 성공했다고 느낄 수 있을까요?"

사내 리더십 워크숍에서 이런 질문을 던진 적이 있다. 다양한 답이 나왔다. 어떤 리더는 매출 1천 억, IPO Initial Public Offering(주식 공개 상장) 등 구체적인 수치를 이야기했다. 또 누군가는 이렇게 말했다. 아랫집에 사는 누군가로부터 "요새는 사교육 부담이 덜하게 된 것 같아. 편리한 튜터링이 있어서 너무 다행이야."라는 말을 들을 때라고. 이 말을 듣고 모두가 크게 공감했다. 이게 정말 우리가 뜨겁게 일하는 이유라고 생각했다. 우리에게, 또 나에게 아주 중요한 깨달음을 준 소중한 순간이었다.

성장하는 과정에서 표면적인 매출 증가는 생각만큼 큰 기쁨을 주지 못한다. 하지만 우리가 세상에 선보인 서비스로 누군가 인생에서 기회를 붙잡고 성공했다는 이야기를 들을 때면 엄청나게 흥분하게 된다. 가장 짜릿했고, 그때의 희열이 앞으로 나아가는 원동력이 되었다.

캐나다에 사는 누군가는 열 번 넘게 기업 면접에서 떨어졌다가 튜터링으로 공부한 후 최종 합격했다는 이야기를 전했다. 바빠서 학원 갈 시간이 없던 직장인이 출퇴근 길에 튜터링으로 공부해서 승진에 결정적인 도움이 되었다는 이야기도 들었다. 어떤 초등학생 엄마는 튜터링으로 6개월간 아침저녁으로 아이에게 원어민과 수다를 떨게 했더니 영어 유치원을 다녔던 아이들을 제치고 스피킹 대회에서 1등을 했다는 훈훈한 사연도 보내주었다. 힘들 때마다 이런 에피소드들을 다시 떠올려본다. 그러면 처음 사연을 들었을 때처럼 마음이 꽉 차오른다.

## 시대를 뒤엎고 싶은 빅크의 미션

다시 한번 창업을 고심했던 이유 중 하나는 '어떻게 하면 더 오랫동안 성장하는 스타트업을 만들 수 있을까'였다. 물론 짧은 시간 동안 빠른 성장을 보여야 하는 스타트업의 속성상 수십 년 뒤를 바라보고 아이템을 정하는 것은 쉽지 않은 모험이다. 처음에는 어떤 발명을 할까, 어떤 기술을 접목할까 등을 고민하다가 튜터링처럼 '도

**나만의 원석에
기름 붓기**

움이 되자'에 초점을 맞췄다. 10년 뒤 20년 뒤에 펼쳐질 세상에서 본질적인 변화가 무엇인지 상상해봤다. 10년 뒤에는 지난 10년 전보다도 더 많은 수많은 IT기술이 세상을 뒤집어놓을 것이다. 인공지능<sup>AI</sup>, 로봇기술, 우주항공 기술을 사용하는 것은 현재 온라인에서 블로그를 뚝딱 만드는 것처럼 굉장히 쉬운 일이 될 것이다.

> 인생을 바꾸는 유일한 방법은 오직 세 가지뿐이다.
>
> 시간을 다르게 쓰는 것, 사는 곳을 바꾸는 것,
>
> 영향력 있는 새로운 사람을 사귀는 것.
>
> – 오마에 겐이치 경제학자, 기업인

나는 초연결의 시대로 접어들수록, 공기와 같이 우리 삶에 스며들수록 영향력 있는 사람에 대한 갈망은 더 커질 것이라 생각했다. 그래서 앞서 말한 대로 기업보다 더 큰 가치를 지닌 슈퍼 개인의 시대가 올 것이라는 상상을 하게 되었다.

매년 인터브랜드<sup>Interbrand</sup>와 같은 세계적인 브랜드 컨설팅 업체에서는 기업의 브랜드 가치를 매긴다. 신뢰도와 호감도, 전 세계인에게 주는 임팩트 등을 고려해서 매기게 되는데, 2020년 글로벌 최고의 브랜드에는 1위부터 10위까지 아마존, 애플, 마이크로소프트, 구글, 비자, 알리바바, 텐센트, 페이스북 등의 빅테크 기업이 포진해 있다. 100위까지도 우리가 알 만한 세계적인 인지도가 있는 기업들이 대부분이다.

하지만 10년 뒤 이 브랜드 지도는 바뀔 것이다. 오프라 윈프리, 미셸 오바마, BTS, 조앤 롤링 등 강력한 인지도와 IP를 기반으로한 방송인, 지식 크리에이터, 아티스트, 베스트셀러 작가 등의 브랜드 가치가 대기업을 뛰어넘는 시대가 올 것이라고 확신한다.

드러나지 않았지만 이미 와 있는지도 모른다. 크리에이터 관련 해외 리서치 기관의 분석에 따르면 메가 인플루언서 전체의 가치는 한화 약 10조 원에 달한다고 한다.

그만큼 유명한 크리에이터의 대중적인 영향력은 거대하다. 이들은 누군가의 삶에 큰 영향을 주는 멘토이자 히어로로, 때로는 위로와 애정의 대상이 되기 때문이다. 그런데 이미 사회적 영향력을 가진 크리에이터의 활동 영역이 대부분 SNS, 디지털로 넘어왔지만 이들을 지원해왔던 에이전시, 출판사 등은 기술팀이 없거나 관련된 기능이 약한 경우가 대부분이다. 바로 이 부분에 주목했고 회사의 방향성을 새로운 IT 기술로 아티스트, 크리에이터의 IP 가치를 확장하는 데 두었다.

따라서 우리의 목표는 우리 회사의 성장이 아닌 우리의 파트너인 크리에이터들의 성장에 있다. 첫 사업에서 론칭 후 3년 만에 1천여 명의 회원에서 150만 회원을 만든 것처럼, 각 크리에이터의 플랫폼을 만들어주어 채널별 충성 팬덤 또는 열정적인 독자들이 우리 플랫폼 기술로 효율적으로 매칭되고 늘어날 수 있도록 전방위적인 기술 지원을 하는 것이 목표다.

## 우리는 언제 성공했다고 느낄까?

새롭게 꾸려진 팀원들과 깊은 대화를 몇 차례 나눴다. 첫 창업 때처럼 우리가 상상하는 빅크의 미래와 우리 각자가 꿈에 그리는 성공에 대한 이야기를 나누면서 다시 한번 성공한 순간에 대한 질문을 던졌다. 누군가는 크리에이터의 성공 공식이 바뀌는 것을 느꼈을 때, 즉 셀럽이 되기 위한 공식이 과거에는 방송에 출연하고 현재에는 유튜브를 하는 것이라면 언젠가 우리가 만든 솔루션을 활용하는 것이 셀럽이 되는 기본 공식이 된다면 정말 성공했다고 느낄 것 같다고 했다. 누군가는 팬들이 가장 많은 시간을 보내는 플랫폼이 되었을 때, 누군가는 TV광고로 제3자처럼 우리 서비스를 보게 되었을 때 성공이라고 느낄 것 같다고 했다. 누군가는 우리가 글로벌 플랫폼으로 성공해, 뉴욕증시에 상장하는 순간 정말 성공했다고 느낄 것 같다고 했다. 우리들끼리 나눈 상상의 이야기지만 일종의 시각화 트레이닝이기도 했다. 꿈을 같이 그리고 목표를 함께 바라보는 것이 다름 아닌 팀워크다.

사실, 우리의 성공 여부는 간단하다. 우리의 제품을 선택해준 크리에이터가 성공하는 것이 우리의 유일한 성공 척도다. 우리의 미션대로 크리에이터의 임팩트, 수익이 극대화되었을 때 성공인 것이다.

빅크의 미션을 꺼낸 이유가 있다. 나는 인생을 살아가는 데 있어 각자의 비전을 세우는 것 역시 기업과 똑같이 대입할 수 있다고 생각한다. 내가 꿈꾸는 순간을 시각화해보고 적어보고 말해보고 지속적으로 그 결과에 대해 구체화할 때 과정도 명확해지는 법이다. 그리고 그 과정 자체가 힘든 나날과 현실을 이겨낼 수 있는 힘이 된다고 믿는다.

## 내가 주인공인
## 영화 시나리오를 써보자

나는 꼭 이루고 싶은 일이 있을 때면 언제나 영화 한 편을 만든다고 생각한다. 영화의 제작자와 감독, 작가는 나다. 물론 주인공도

나는 꼭 이루고 싶은 일이 있을 때면
언제나 영화 한 편을 만든다고 생각한다.
영화의 제작자와 감독, 작가는 나다.
물론 주인공도 나다.

나다. 장르는 긍정적인 메시지와 낙관적인 인생관을 주제로 한 할리우드식 성장 드라마여야 한다. 결말은 화려하거나 훈훈한 해피엔딩이지만, 그렇게 되기까지 주인공은 갖은 시련을 겪으며 고통받는다. 지금 쓰는 책의 메시지처럼 결핍과 시련이 크지 않으면 히어로가 될 수 없다는 식의 서사다.

그렇게 관객이 되어 고통받고 괴로워하는 내가 주인공인 이름 모를 그 영화를 보고 있으면 결국 나 스스로 고개를 끄덕이게 된다. 성공하려면 저 정도의 고생스러운 상황은 있어도 괜찮겠다고 말이다. 그러면 신기하게도 지금 내가 맞닥뜨린 어려움이 그렇게 괴롭지만은 않다. 영화 전개에서 꼭 필요한 장면이기 때문이다. 그래야 감동의 크기와 스토리의 완성도가 높아지니까. 그런 극적인 장면이 없다면 누가 돈을 내고 극장에 와서 한 시간 반짜리 영화를 보고 있을까.

창업하고 나서 가끔 밤마다 공상에 빠지곤 했다. 초기에 고객이 거의 없을 때는 더더욱 상상에 의존했다. 파리 날리던 그 사업이 몇만 명, 몇백만 명의 유저로 꽉 차는 상상…. 그리고 그 사이에 벌어지는 여러 가지 드라마틱한 일들도 말이다. 내가 만든 서비스를 수많은 유저가 사용하는 모습, 신문과 경제 잡지에 실린 우리 팀의 활짝 웃는 모습, 그 기사의 타이틀과 내용까지도.

어떤 내용들이 적혀 있을지 상상하다 보면 결국 이런 결론에 이르렀다. '지금 같은 실패나 초라한 모습은 내가 만들어가는 성공 과정에 꼭 있어야만 하는 기름 같은 것이 아닐까?'라고. 나는 그 기름을 태우며 여기까지 왔다. 사업 초기에 파리 날리던 그 시절이 없었더라면, 그래서 밤마다 화려한 미래를 꿈꾸며 몽상하는 시간이 없었더라면, 지금 두 번째 도전을 할 기회가 없었을지도 모른다.

이게 앞이 보이지 않는 막막한 현실에서 덜 괴롭기 위한 나의 비법이라면 비법이다. 혹시 당황스럽게 느껴지는가? 스스로를 동정할 만큼 한가한 시간은 없다. 나는 온갖 고난을 헤치고, 꿋꿋이 한계를 넘으며, 앞으로 뚜벅뚜벅 나아가는 히어로이기 때문이다. 오히려 더 큰 시련이 올수록 멋있어진다.

실제로 스타트업을 창업하고 운영하는 과정은 한 편의 성장 드라마를 찍거나 긴 서사시를 쓰는 것과 비슷하다. 아마 책 쓰는 것과 비슷할 것이다. 매 순간 어떤 결정을 하기에 앞서 또렷한 정신으로 왜 이런 결정을 했는지 기록해야 한다. 모든 기록은 앞뒤가 일관성 있게 이어져야 하며, 과거의 어떤 경험이 성공과 실패를 이끌었는지 과정과 결과가 분명해야 한다. 나름대로 뚜렷한 원칙을 정하고, 그걸 토대로 새로운 결정을 내리는 순간이 올 때 이 모든 걸 되짚어 보기도 해야 한다.

그러니 각자 지금 당신이 처해 있는 상황이, 고민하는 일이 한 편의 영화나 책을 써내려가는 과정이라고 생각해보자. 그러면 지금 내리는 결정이 스스로 생각하기에 부끄럽지 않을지 한번은 돌아보게 된다. 마치 내 머릿속에 제3의 감독관을 두고 살아가는 기분이다.

## 꿈을 구체화하는 마인드 트레이닝

나는 일기를 트레이닝이라 생각하고 꾸준히 쓰고 있다. 지금 하는 프로젝트의 과정들이 모두 중요한 챕터이며, 내가 하는 일은 그 내용을 채우는 것이다. 모든 과정을 낱낱이 다 적을 순 없지만, 여정에 큰 영향을 주는 일들은 되도록 빠짐없이 일기에 기록하려 노력한다. 그 일을 진행하며 어떤 문제가 있었는지, 그래서 어떤 결정을 했는지, 앞으로 어떻게 할 것인지에 대한 계획과 다짐까지 적는다. 회사에서 다른 사람과 엮이면서 벌어지는 일을 남기기도 한다. 내가 생각한 갈등의 원인과 과정, 해소되거나 해소되지 않은 결과, 그리고 이후의 계획까지 모두. 이렇게 상세하게 기록하면서 내가 정한 원칙들을 가다듬는다. 가끔은 '생각 사전'이라는 이름으로 나만의 개념어를 정의하기도 한다.

큰 투자나 채용과 같은 굵직한 의사결정 과정도 기록한다. 이를 통해 생각이 매번 바뀌는 의사결정에 대해 스스로를 관찰하고 분석하며 재차 묻는다. "왜 그런 결정을 했는가?"를 떠올리며 '왜'에 집중해서 생각한다. 세 번 이상 깊게 자문하다 보면 이런저런 불안과 무의식, 복잡한 상황이란 덤불 속에 숨겨져 있던 진짜 나의 생각을 발견할 수 있다. 일기 쓰기를 추천하는 자기계발서들이 많다 보니 일기의 효용이 새롭게 다가오지는 않겠지만, 쓰는 행위 자체보다 돌아볼 수 있는 기록을 남긴다는 데 더욱 큰 의미가 있음을 꼭 알려주고 싶다.

　무엇보다 이런 마인드 트레이닝은 색다르거나 큰 노력이 필요하지 않다. 창업자나 경영자, 리더가 아니더라도 각자 삶의 영역에서 유용하게 활용할 수 있다. 자기가 하는 일을 제대로 인식하고 그 일을 하는 것과 그렇지 않은 것 사이에는 큰 차이가 발생할 수밖에 없다. 스스로 꼭 이루고 싶은 꿈을 정의하고, 그 꿈을 이뤄가는 과정을 하나의 영화를 만드는 것처럼 머릿속에서 상상하며 시나리오를 써보자. 마인드 트레이닝이 별 게 아니다. 상상도 마인드 트레이닝의 일부다. 여기서 한 가지 팁은 왜 무언가를 이루고 싶은지 스스로에게 끊임없이 질문하는 것이다. 그리고 과거 또는 현실에서 부정적인 환경이나 결핍으로 인한 어려운 상황이 있었다면 도피와 외면은 금물이다. 오히려 이것들을 끌어와 에너지를 만드

'왜'에 집중해서 생각한다.
세 번 이상 깊게 자문하다 보면
이런저런 불안과 무의식,
복잡한 상황이란 덤불 속에 숨겨져 있던
진짜 내 생각을 발견할 수 있다.

는 연료로 적극 활용해 영화 속 주인공인 당신을 훨씬 매력적이고 멋있게 보여주는 극적 장치로 활용해야 한다. 그러니 부디 도움이 되길 바라며 내가 사용해 온 템플릿을 공개한다.

# 의미 부여 시각화 트레이닝

## : 당신은 어떤 영화의 주인공인가요?

**상상하기 1**  내가 찍고 싶은 한 편의 영화는 어떤 장르의 어떤 주제일까요?

**시각화하기** ✎

---

---

---

---

---

---

**상상하기 2**  영화의 제목과 부제는 무엇일까요?

**시각화하기** ✎

---

---

---

---

---

---

상상하기 3  그 속에 나는 어떤 캐릭터인가요? 성격과 주변 인물과의 관계,
능력치는 어떤가요?

**시각화하기 /**

상상하기 4  영화의 클라이막스는 어떤 내용일까요?

**시각화하기 /**

상상하기 5  어떤 문제가 나타나야 이야기가 재밌어질까요?

**시각화하기 /**

**상상하기 6** 주인공은 어떻게 그 난국을 헤쳐나갈까요? 영화는 어떻게
끝나나요?

**시각화하기** ✏

........................................................................................

........................................................................................

........................................................................................

........................................................................................

........................................................................................

........................................................................................

나만의 원석에
기름 붓기

# 비전과 미션을 현실화하기

비전과 미션은 자신이 추구하는 가치관이다. 이것을 정했다면 이제 다음 단계로 넘어가야 한다. 바로 동료와의 관계에서 어떻게 적용할 것인가 하는 문제다. 직장에서 중간 관리자급 이상이거나 리더가 되길 원한다면 이 파트가 도움이 될 것이다.

우리 회사는 매년 초 '코어 밸류 워크숍 Core Value Workshop'이라는 이름의 리마인드 의식을 치른다. 자신과 회사의 비전을 다시 한번 되새기는 자리다. 수치가 아니라 정성적인 목표를 꺼내놓고 말해본 경험이 없다면 뭔가 낯설고 낯간지럽겠지만, 이런 자리를 갖는 것만으로 각 팀의 정체성은 더욱 뚜렷해지고, 목표는 구체화된다. 이른바 자동 동기화다.

내재적 동기를 일깨우는 이 일이 나나 우리 팀에게는 언제나 최우선이다. 회사 차원에서는 매년 꼭 하려고 노력하고, 개인적으로는 매일 나만의 리마인드 의식을 갖는다. 안 그래도 바쁜 일과에 굳이 이런 일을 위해 시간을 내는 게 부담스러울 수도 있다. 하지만 지친 마음과 에너지로 일을 할 때와 활기찬 상태로 일을 할 때, 어느 쪽이 더 큰 성과를 낼 수 있다고 생각하는가? 이 질문에 대해 생각해보면 답은 금방 나온다.

리마인드 의식은 스스로를 고취하는 시간이다. 동기부여는 지루하고 반복되는 일상에 쉼표를 찍거나 느낌표를 찍는 일이다. 첫 창업의 미션은 몇 가지 질문을 스스로에게 던지고 답을 구하는 과정에서 완성되었다. 예를 들면 아래와 같은 질문을 반복하면서 답을 모으고 이야기를 만들었다.

- Who we are — 우리는 누구인가?
- Mission — 우리의 미션은 무엇인가?
- Must to do — 우리가 해야 할 일은 무엇인가?
- Need to do — 우리에게 필요한 일은 무엇인가?
- Want to do — 우리가 해내고 싶은 것은 무엇인가?
- Long-term goal — 우리의 장기적인 목표는 무엇인가?
- Short-term goal — 우리의 단기적인 목표는 무엇인가?

질문에 대한 답은 각 팀마다 리더를 중심으로 작성하는데, 모든 팀원의 의견을 경청하고 다 함께 공감한 바를 적는다. 가장 먼저 팀의 정체성과 방향을 세우기 위한 답을 모으고, 그 다음 세부 사항으로 넘어간다. 이 단계에서 가장 중요한 핵심은 '우선순위의 원칙 세우기'다.

나는 우선순위의 원칙이 없을 때 어떤 일이 일어나는지 잘 안다. 서로 갈등과 오해가 생기기 쉽고, 이런 분쟁이 빈번해지면 커뮤니케이션 비용이 올라간다. 가장 좋지 않은 결과는 팀의 결속력이 떨어지고 동기부여 에너지가 대폭 낮아진다는 점이다. 그렇기 때문에 미리 대화하고, 조정하고, 합의해야 한다. 최소한 1년에 한 번은 반드시 팀의 의사결정을 위한 시간을 가지라고 조언하는 이유다. 소통 없이 각자 알아서 맡은 일을 잘하는 조직은 없다. 팀의 정체성을 정하고, 우선순위와 의사결정 원칙을 정하는 데 드는 시간은 결코 비용이 아니다.

이것은 컴퓨터 프로그램에서 통신 규약인 프로토콜을 정하는 것과 유사하다. 어떤 일이 진행될 때 프로토콜이 서로 다르면 일이 꼬인다. 소통에 문제가 발생해 비용만 높아지고 효율은 떨어지기 때문이다. 간혹 구성원이 소규모 조직에서 이런 원칙을 정하는 것을 번거롭다고 생각할 수도 있다. 작은 조직은 큰 조직에 비해 커뮤니케이션 비용이 적지만, 우선순위와 원칙을 정하지 않으면 여러 가지 혼란스러운 상황에 더욱 빨리 직면하게 된다. 일의 우선순위가 조금이라도 꼬인다면 큰 조직에 비해 부족한 리소스가 분산되고, 그로 인한 충격은 조직이 작을수록 훨씬 커지기 때문이다.

# 능동적인 마인드의 비밀, 우선순위의 원칙

회사를 운영하다 보면 매일같이 수많은 문제에 부딪힌다. 그중 어떤 과제에 가장 먼저 집중할 것인가는 효율적인 의사결정과 합리적인 비용 산출 면에서 신중하게 고민하고 결정할 수밖에 없다. 그래서 나는 다음과 같은 우선순위 원칙을 정했다. 첫 번째는 고객 우선이다. 고객에게 불편을 주는 긴급 사항은 항상 가장 먼저 해결해야 한다. 두 번째는 비즈니스 임팩트 여부다. 긍정적인 영향력이 큰 사업일수록 먼저 한다. 세 번째는 개발 비용이다. 비용이 적게 투입되는 프로젝트일수록 먼저 한다.

그다음 각각의 원칙에 가중치를 부여했다. 여기에 영향을 미치는 요인들로는 R&D 프로젝트 선정 시 고객이 개선을 요구하는 기능의 크기와 강도, 해결 후 비즈니스에 미치는 장단기 영향(주로 매출 및 수익성으로 평가), 개발 시 투입 리소스와 비용, 내부 인력으로 개발했을 때의 자신감, 즉 외주를 맡기지 않아도 내부에서 충분히 소화가 가능한지 등 여러 요소를 종합적으로 고려했다.

그렇게 정한 튜터링 마케팅의 우선순위 원칙은 다음과 같다. 먼저 우리는 '인지도보다 성장(Know〈Growth)'을 최우선으로 두고 투자하기로 했다. 그렇다고 '인지도'를 신경 쓰지 않는 것은 아니었다. 광고 캠페인이나 마케팅도 진행하지만, 최우선 사안이 아닐 뿐이다. 우리에게는 앱에 들어온 고객이 먼저였다. 어떻게든 서비스를 체험하도록 유도하고, 사용 후 만족하기를 바랐다.

정리하면 제일 먼저 핵심 가치, 즉 코어 밸류가 무엇인지 내세워야 한다는 말이다. 다만 우선순위 가치를 만드는 일이 리더의 일방적인 의사결정에 따르는 방식은 아니어야 한다. 팀원 모두와 충분히 대화하고 논의한 끝에 코어 밸류를 도출해내고, 그것이 팀의 생존과 성장에 필수적인 요소임을 다 함께 이해하고 공감하는 과정이 중요하다.

우선순위화를 위한 요소를 선정할 때에는 조직의 가치관이 주로 반영된다. 두 가지 스타일의 조직을 비교해보자. 리더십이 강한 리더가 톱다운 방식으로 이끄는 A조직과 임직원의 목소리를 반영하는 수평적 B조직이 있다. A조직에서는 리더가 선장이다. 그의 지시하에 일이 빠르게 처리된다. 분기/연간 매출 목표가 리더의 뜻에 따라 정해지고, 그 목표에 맞춰 당해 연도의 프로젝트가 수정되기도 한다. 이런 조직은 수직적인 지시 체계가 있어 일사천리로 움직이는 경우가 많다.

B조직은 임직원의 목소리를 중요시하므로 의사 수렴 기간

이 필요하다. 프로젝트 선정 시 구성원의 의사를 물을 때에는 구체적인 기준이 있어야 한다. A조직에 비해 의사결정 속도가 느리다는 단점이 있기에, 이를 보완하기 위한 장치로 조직의 가치관과 해당 분기에서의 의사결정 과정에 합치하는 효율적인 방법을 찾아야 한다.

우리 회사는 분류하자면 B조직에 가깝게 운영했다. 우리의 의사결정 속도 보완 장치는 매년 초 진행하는 코어 밸류 워크숍이다. 여기에서 서로의 생각을 경청하고, 일하는 방식을 가다듬을 수 있었다. 의견을 수렴하는 과정에서도 커다란 동기부여를 얻었다. 직장인, 특히 중간 관리자라면 속해 있는 조직의 특성과 환경을 고려해 코어 밸류를 찾는 훈련을 해보길 권하고 싶다.

이런 조직 문화나 방법론이 IT 스타트업에서만 유용하다고 생각하지는 않는다. 어떤 업종에서 일하든 가장 중요한 것은 결국 비슷하기 때문이다. '우선순위의 원칙'을 처음부터 잘 정립해두면 어떤 일을 하든 생산성과 효율성을 드라마틱하게 끌어올릴 수 있다. 그럼에도 아직 이런 고민이 남의 일처럼 멀게만 느껴진다면, 미션을 찾아가는 질문을 조금 달리 변형해 자신에게 적용해보자. 나라는 사람에게 어떤 사명감이 있는지 정의하는 것 이외에 전제조건은 없다. 이후에는 다음 질문을 하나씩 스스로에게 물어보면 된다.

**나만의 원석에
기름 붓기**

- 나는 왜 이 일을 하고 있나?

- 내가 하는 일에서 나의 미션은 무엇인가?

- 이 일을 해내기 위해 반드시 필요한 것은 무엇인가?

- 앞으로 하고 싶은 일은 무엇인가?

- 단기 목표는 무엇인가?

- 장기 목표는 무엇인가?

- 수많은 도전 과제 중에 먼저 할 것과 나중에 할 것은 무엇인가?

- 우선순위를 분류하기 위한 나만의 원칙과 가치관은 무엇인가?

질문에 답을 하면서 각자 매일매일 무엇을 해내야 하는지 찾는 게 최우선이다. 이 부분이 선명해지면, 일에 대한 만족도와 일하는 시간의 충만함이 커진다. 그리고 당신이 세운 소중한 가치관과 원칙이 당신의 하루를 더욱 설레게 할 것이라 확신한다.

## 성과를 만드는 공통분모, 이타심과 공감 능력

이쯤에서 론칭 당시 고객센터의 운영 방식을 소개하려고 한다. 우선순위 원칙을 세운 덕분에 가장 큰 성과를 거둔 사례이자 우리의 자랑이기 때문이다. 여기에서 내세운 원칙들은 고객센터뿐 아니라 여타 조직과 개인의 삶에도 두루 적용할 수 있는 성장 공식이다.

2016년 서비스를 런칭했을 당시에는 가입자 한 명을 얻기도 힘들었다. 처음에는 우리가 감당할 수 있는 능력 이상으로 가입자가 몰려드는 상상을 하며 대처 방법을 걱정했는데, 기대와 다르게 런칭 후 며칠이 지나도 고객은 오지 않았다. 그러다 보니 어쩌다가 찾아온 한 명 한 명의 가입자는 더없이 소중했다. 그 시절 절실함을 담아 만든 것이 우리만의 CS(고객문의) 응대 원칙이다.

"100만 명의 고객보다 100명의 팬을 만들자."

팀원들과 토론 끝에 이러한 원칙을 만들었다. 이는 곧 고객센터팀의 미션이 되었다. 마케팅으로 신규 고객을 늘리는 프로모션을 할 수도 있지만, 우리에게 중요한 것은 따로 있다고 생각했다. 우선 튜터링 서비스를 경험한 가입자 한 명 한 명이 우리의 팬이 되도록 노력하자고 다짐했다. 소수일지라도 정서적 지지를 보이는 팬의 힘을 알고 있었고, 어차피 회사 사정상 큰 비용을 집행하는 대대적인 마케팅을 전개하기란 현실적으로 어려웠다.

튜터링 CS담당자님 정말 너무 친절하세요. 항상 감사하다고 꼭 전해주세요.😊

튜돌이 만나는 게 제 소원이에요 으크큭 다른 친구(여기는 영업 성공해서 결제함)도 정말 좋다고 칭찬이 자자해요.

튜달이 님이 정말 정말 좋아요. 이미 전 튜달이의 사랑의 포로입니다.😊 꼭꼭 전해주세요. 제가 만난 분들 중 최고의 CS예요.

---

 A***
★★★★★ 2017.3.17

수많은 전화영어들을 해봤지만 이 토픽카드가 진짜 괜찮네요. 그리고 전화영어 고객센터 불친절 때문에 열받은 적이 몇 번 있는데 튜달? 님이 친절하다못해 친구같아요. 핸드폰 물에 빠뜨려서 레벨 테스트 취소부탁드리니까 막 같이 걱정해주시고ㅋㅋㅋ 한밤중 문의에도 답장와서 놀랐어요!!! 튜달님 때문에라도 튜터링 계속 할랍니다(?)

 김***
★★★★★ 2017.2.22

선생님들도 다 친절하시고 하나하나 짚어주세요. 그리고 문제가 생기면 관리자가 즉시 친절하게 해결해주셔서 너무 좋습니다.

---

튜달아 나 지금 뉴욕가... ㅋㅋㅋㅋ 혼자 ㅋㅋㅋ

스피킹 연습한 게 빛났으면 좋겠네 ㅋㅋ

창호형 힘내여

화이팅해여

잘할그양

cheer up 창호형

끄어어엉 ㅋㅋㅋㅋ

---

방금 저랑 레벨테스트했던 분 누구예요? 알려조요

응원해주시면 알라드림여

알려줘요 알려줘!! 알려주면 응원해드림요

아니 이렇게 쪼는 맛을 주시다니

튜달이가 한수 물러나드림

아이비 튜터입니당

못 찾겠어요...

뻥치는거 아닌지!!

헐 아무리 불신의 시대라지만 너무 하시네요. Ivy튜터는 엄연히 최고의 expert튜터시라그영

레벨테스트 계정으로 레벨테스트 보고 계셔서 그러신거임용

하하하 튜터링 실세 마케팅 화이팅! 승진해서 월금이나 인상되라!!

헐 나 인상되면 몰래 쿠폰 넣어드려야징 히히

와아아아아아!!!

와아아아아아ㅏ!

꺄아아아아악 !!!!!!!

영어를 잘 몰라요 ㅠㅠㅠㅠㅠ

꺄아아아아아아아악!!!!!

그래서 공부하자나여 화이팅

그러면 어떻게 해야 할까? 먼저 고객센터라는 딱딱한 이름 대신 친근한 이미지로 다가가고 싶었다. 고객이 우리를 가깝게 느껴야 채팅 기능을 활발히 이용할 것 같았다. 그래서 '튜달이'라는 이름을 사용하고 귀여운 느낌을 강조한 캐릭터도 만들었다. 다음으로 마음을 다한다는 느낌을 주고 싶었다. 우리는 그들의 영어 고민을 열심히 들어주었다. 그러고는 이를 해결해주고 싶다는 간절한 마음으로 고객과 채팅을 했다.

우리는 '고객의 페인 포인트에 공감하고 적극적으로 돕는다'는 가치관을 늘 기억하려고 했다. 그래서 응대도 조금 더 재치 있게 하고자 노력했다. 기업 고객센터지만 딱딱하고 사무적인 어투가 아니라 장난스럽고 귀여운 모습으로 접근했다. 고객이 겪고 있는 곤란한 상황에 공감한다는 걸 전하고 싶었다. 그렇게 소통하다 보니 "튜달이가 남자친구보다 좋다."라는 말을 들을 정도로 고객들과 친해졌다. 영어 학습 문제를 이야기하다 다른 고민까지 털어놓는 고객들을 보면서 보람을 느꼈다. 드디어 신뢰받기 시작한 것이다.

튜달이가 되어 고객들과 상담하는 팀원들의 이야기를 들으며 사명감이 더 강해졌다. 주말이나 퇴근 후 저녁에는 나도 직접 튜달이로 활동했다. 그러나 고객들이 예리한 것인지 아니면 내가 미숙

한 탓인지 영화 〈인턴〉 속 장면과 달리 몇 마디만 나누고는 바로 "혹시 사장님 아니세요?"라고 물어왔다.

어느 날은 한 구독자분이 비행기 이륙 직전 메시지를 보냈다. 튜터링 덕분에 영어 실력이 많이 늘었다며 "튜달아, 나 드디어 떠나."라는 작별 인사였다. 가족과 친구들에게 메시지를 보내기도 바쁜 그 순간에 고객센터 채팅창에 고마움을 담은 작별 인사를 건네다니…. 그저 영어 학습 서비스일 뿐인데…. 굉장히 감격했다. 우리의 미션인 '고객과 공감하고, 고객들의 문제를 해결해준다'가 달성된 뿌듯한 순간이었다.

이와 비슷한 사례를 몇 차례 경험하면서 이타주의가 성과에 미치는 강한 영향력을 확신하게 됐다. 사업 자체는 당연히 이윤 추구가 목적이지만, 고객과 소통하고 공감한 동력은 다른 사람에게 도움이 되고 싶다는 순수한 마음이었다. 앞서 언급한 와튼스쿨의 실험 사례도, 나의 경우도, 그리고 고객센터를 비롯한 튜터링의 경우도 외재적 동기보다 내재적 보람에 훨씬 큰 자극을 받는다는 것을 직접 확인한 경험이었다. 이는 세계적인 기업들의 미션에서도 공통적으로 발견되는 철학이다. 테슬라의 창업자 일론 머스크는 SXSW South by Southwest Conference 연설 도중 다음과 같은 말을 남겼다.

"세상엔 끔찍한 일이 많지만 이를 해결하는 게 인생의 전부가 돼서는 안 됩니다. 우리는 이 세상에 영감을 주고 인류애라는 기쁨을 주는 일에 도전해야 합니다."

# 성장 엔진으로
# 활활 타오르기

**불 태우기**
내 안의 성장 DNA 설계하기

# 성장하는 DNA는 따로 있다

2장까지는 사업을 시작하거나 삶에서 어떤 문제에 부딪혔을 때 스스로 내면을 돌아보는 과정과 방법에 관해 이야기했다. 이 과정을 거치며 인생과 일에 의미를 부여했다면 성장을 위한 준비의 절반은 해결한 셈이다. 나머지 반은 성장 DNA를 완성할 수 있는 환경을 어떻게 설정할 것인가에 달렸다. 그래서 지금부터는 완성을 위한 여정에 관해 이야기해보려고 한다.

과거에는 나 역시 성장하는 습관과 체질에 대해 고민해본 적이 없었다. 고민이 없었으니 당연히 그 이후 단계도 없었다. 이를테면 나를 둘러싼 환경을 파악하고, 그것을 성장을 위한 레버리지로 활용해보겠다는 생각조차 하지 못했다.

과거 회사원 시절의 나는 관성적인 인간이었다. 다시 한번 이

111

야기하지만 회사에서 기본값으로 주어지는 풍부한 인적 자원과 투자 리소스가 얼마나 대단한 일인지도 몰랐다. 아이비리그와 실리콘밸리 출신의 최고 전문가들이 주변에 늘 모여 있었고, 서비스 개발 비용으로 수백억 원을 쓰기도 했다. 하지만 그 안에 있다고 성취감이나 성장하고 있다는 뿌듯함은 없었다. 아무 자극 없는 하루하루가 쌓여갈 뿐이었다. 모두가 그랬던 것 같다. 회의실을 에너지로 가득 채우며 반짝이던 사람들이 어느 순간 점점 시들어가고 있었다. 그땐 그런 분위기가 참 답답하고 못마땅했는데, 스타트업을 시작하고 나서 매일같이 전혀 다른 상황을 마주했다. 모든 판단과 선택은 내 몫이었다. 많은 것을 빠른 속도로 배우지 않으면 앞으로 나아가기는커녕 제자리에 머물 수조차 없었다. '삼성에 다닐 때처럼 일해서는 살아남을 수 없다'는 위기감이 몰려왔다.

한 회사의 대표였지만, 삼성의 중간 관리자들만큼도 힘이 없었다. 스스로 지시를 내리는 사람이라고 생각해서는 아무 일도 할 수 없었다. 심지어 채용을 하려고 해도 면접 대상자가 일방적으로 약속을 어기고 면접장에 나타나지 않거나, 면접 진행 중에 입사하지 않겠다고 결정하는 경우가 허다했다.

이후로는 면접이 잡히면 내가 더 긴장하면서 준비했다. 나는 지원자를 평가한다기보다 심사를 받는 입장에 가까웠다. 내가 뽑고 싶은 사람의 말을 듣는 게 아니라 우리 회사가 어떤 회사인지를 설명하고 홍보하는 영업자의 자세로 임해야 했다.

당시 채용은 회사의 생존이 걸린 미션이었다. 어렵게 모신 한 사람 한 사람이 우리 회사의 운명을 바꿔놓을 유일한 결정적 요소였다. A는 어디에 적합한지, B는 어떤 일을 할 때 최적의 재능을 발휘할 수 있을지 고민에 고민을 거듭했다. 어떤 사람이 우리 회사를 살아 숨 쉬게 할지 연구하는 게 나의 가장 큰 미션이었다. 산술적으로만 봐도 10만 명이 넘는 삼성전자에서의 한 명과, 총원이 열 명인 우리 회사에서 한 명은 존재감이 달랐다. 간단히만 계산해도 회사 전체 직원이 열 명이면 한 명의 직원이 회사의 10분의 1을 차지한다. 그 한 명이 회사 운명의 10%를 쥐고 있다고 해도 과언이 아니다.

그렇다면 나는 누구를 뽑아야 할 것인가? 우리 회사의 운명을 바꿀 개개인의 인적성과 성향은 어때야 할 것인가? 스타트업 회사는 당연히 대기업과 같이 인적성 검사나 시험 전형 등은 없었다. 내가 유일하게 정한 인사 기준은 '조금이라도 성장 동력이 느껴지는 사람을 뽑는다'였다. 그다음 벌어질 문제는 모두 내가 해결할 몫이었다.

이때 내가 주목한 성장 동력을 판단하는 기준이 바로 '페인 포인트'였다. 단지 결핍이 있는 것뿐 아니라, 그 절박함을 실행 에너지로 바꾸는 힘이 있어야 했다. 채용 시 이력서를 볼 때도 성공 경험보다 실패를 극복한 맥락을 보려고 했고, 나의 지난한 에피소드도 들려주면서 얼마나 공감하고 극복하고 도전할 의지가 있는지 알아보려고 했다. 그렇게 각자의 결핍과 연약한 지점을 공유하고, 서로 보완해주는 울타리의 존재가 성장을 이끌어내는 데 있어 무엇보다 중요하다는 사실을 깨달았다.

때때로 "성장하는 DNA가 따로 있나요?"라는 질문을 받는다. 나는 그렇다고 답한다. 그리고 '이 DNA들은 모였을 때 더 큰 힘을 발휘한다'고 덧붙인다. 내가 말하는 성장 DNA를 가진 사람들이 모이면, 항상 '1+1=2'라는 공식을 깨고, 그 이상의 힘을 발휘했다. 사람들은 이런 효과를 다른 말로 시너지라고 부른다.

이 DNA는 흔히 사회적 기준이 되는 학력, 스펙, 집안, 외모 등의 외면으로 판단할 수 없다. 내면에서 긴 시간 동안 훈련을 거치며 숙성되기 때문에 이력서만으로는 드러나지 않는다. 회사가 망하지 않으려면 우리와 함께 성장 시너지를 만들 사람이 누구일지 연구해야만 했다. 이번 장에서는 이러한 나의 경험과 관찰을 바탕으로 성장 DNA의 유형을 다음의 다섯 가지로 정리해 소개한다.

이때 내가 주목한 것,
성장 동력을 판단하는 기준이 바로
'페인 포인트'였다.

- 첫째, 동기로 가득 찬 셀프 스타터[Self-Starter]

- 둘째, 러닝커브[Learning Curve]가 가파른 학습 기계

- 셋째, 통찰력 넘치는 Why맨

- 넷째, 전문가를 넘어서는 오지라퍼

- 다섯째, 오뚝이형 개척자

# 동기로 가득 찬
# 셀프 스타터 되기

채용할 때 단 하나의 조건만 봐야 한다면, 나는 고민할 것도 없이 'Self-Motivated, Self-Starter(내재 동기가 강한 자기 주도형 인간)'인지 따져본다. 처음 창업을 했을 때부터 이런 생각으로 함께할 동료를 찾았던 건 아니다. 창립 첫해에 모인 열 명의 팀원 중 나와 CTO, COO를 제외한 대부분은 IT서비스 개발이나 사회생활 경험이 거의 없는 신입사원과 인턴이었다. 이 열 명은 저마다 크고 작은 실패의 경험을 안고 있다는 공통점이 있었다. 나도 정말 한 번쯤은 반드시 성공하는 프로젝트를 만들고 싶다는 열망과 절박함은 있었지만 그때까지 단 한 번도 성공적인 서비스를 만들지 못한 사람이

었다. CTO의 경우 이번 스타트업이 연거푸 두 번의 실패 이후 세 번째 도전이었고, COO도 좋은 성과와 함께 부침 또한 몇 차례 겪은 뒤 합류했다. 인턴과 신입으로 입사한 사원들도 사회에 첫발을 내딛으며 이런저런 실패와 좌절을 겪다가 우리와 만났다. 나는 면접을 볼 때 실패나 좌절을 겪었던 사람들에게 왠지 모르게 더 끌렸다. 그러다 보니 창업에 실패해 제2의 도약을 꿈꾸고 다시 사원으로 들어온 경우도 있었고, 원하던 곳의 입사가 좌절되는 바람에 우리와 함께하게 된 사람도 꽤 여럿이었다. 다시 말해 우리는 좌절의 정서를 공유하고 있었다.

우리는 그런 어두운 이야기를 사적인 자리에서나 회사에서 솔직하게 터놓고 이야기했다. 이전 회사에서 무슨 일을 겪고 어떻게 그만두었는지, 누구를 만나서 힘들게 고생했는지, 그때 자존감은 어디까지 내려갔는지, 그 뒤 인생이 어떻게 꼬이고 얼마나 오랫동안 이불 속에 틀어박혀 있었는지 등. 회사에서 서로의 실패담을 털어놓는 것은 연대 의식과 유대감을 높이는 데 매우 유용했다.

회사에서는 자기 일만 잘 하면 인간관계는 신경 쓸 필요가 없다는 사람도 많다. 틀린 말은 아니다. 하지만 회사는 기본적으로 같은 목표를 향해 가는 사람들의 모임이다. 함께하는 분위기와 결속력은 당연히 업무에 긍정적으로 작용한다. 어떤 조직이든 서로

서로 약한 모습을 거리낌 없이 드러낼 수 있고, 이것이 공격이나 상처가 되지 않는다면, 그것만으로도 잠재적인 성장 가능성이 마련되었다는 뜻이다.

실패한 사람들만 모여 있어서 우울한 감정이 전염되지는 않을까 걱정한다면 기우다. 오히려 각자가 갖고 있던 두려움과 아픔이 공동의 절박함으로 이어졌다. 이번에는 반드시 성공을 경험하고 싶다는 열망은 목적지를 향해 부는 강한 바람처럼 우리가 타고 있는 허름한 돛단배를 밀어주었다. 위로와 공감으로 밑바닥을 다진 우리는 자연스럽게 연대하는 관계로 이어졌고, 이는 각자의 열정을 자극했다.

당시 우리 사무실에서는 이런 말들이 흔하게 오갔다. "예전에 힘든 시절에 비하면 이건 아무것도 아니지." "여기까지 온 것만으로도 정말 잘한 거야." 등 작은 성취에도 기뻐하며 서로를 격려했다. IT업계 특유의 엘리트주의, 성과만능주의 분위기와는 거리가 한참 멀었다. 누군가에게 어려운 일이 생겨서 맡은 일을 해내지 못하면 서로 나서서 메우고, 대부분 지시하지 않은 일까지 자연스럽게 도맡았다.

이번 도전만큼은 절대로 망하게 둬선 안 된다는 결의가 이곳저곳에서 뭉글뭉글 들끓었다. 긴 토의 끝에 늦은 밤 결론을 내는 순간, 담당자는 "마케팅 캠페인도 한 가지 아이디어만 내면 실패하더라고요. 적어도 두세 개는 만들어야 하지 않을까요?"라고 되물었다. 그때는 깨닫지 못했지만 이런 분위기는 각자 몸속에 잠재된 셀프 스타터 기질을 서서히 깨어나게 만들었다.

## 무대가 사람을 만든다

누가 시키지 않아도 알아서 일하고 적극적으로 참여하는 조직 문화를 만드는 한 가지 비법이 있다. 판을 크게 벌여서 누구나 올라갈 수 있는 무대를 만드는 것이다. 싫어할 것 같다고? 우리는 이런 무대를 만들어 직급과 경험에 상관없이 모든 사람이 저마다 적극적으로 목소리를 내고 주도적으로 일하게 했다.

아이디어를 모으기 위해 페이스북에 비공개 그룹을 만들었고, 각자 새로운 생각이 떠오를 때나 참고할 만한 사례가 발견되면 밤이고 새벽이고 글을 남겨두었다. 성공에 대한 갈증이 컸기에 모두가 서비스, 고객, 시장에 대해 밤낮없이 고민했다. 회의에도 모두 열정적으로 참여했다. 아이디어를 낼 때 정해진 형식은 없었다. 제안 양식을 모르는 갓 입사한 인턴도 각자의 방식으로 아이디어를 들고 회의 무대에 섰다. PPT 제작이 서툴러도 부끄러워하지 않고 스케치북에 그려서 아이디어를 발표했다. 우리만의 문화가 된 이 회의 방식을 '쪽대본'이라고 이름 붙였다.

당시 19살이었던 차이(가명)의 첫 쪽대본은 장면 하나하나까지 아직도 머릿속에 생생하다. 앞서 말한 것처럼 우리의 채용 방식은 조금 남달랐다. 그래서 뽑고 보니 스무 살이 채 안 되는 차이 같은 직원이 엔지니어로 들어오는 경우도 간혹 있었다. 그는 고등학교 시절 엄청난 게임 마니아였다. 전국 온라인 게임대회에서 수상한 경력이 있었고, 프로게이머가 될지, IT 스타트업을 선택할지 진로를 고민하던 차에 합류했다.

그는 듬직한 체구에서 풍기는 이미지와 달리 항상 조용히 혼자 다녔다. 팀원 누구도 활짝 웃는 모습을 본 적이 없을 만큼 수줍음이 많았다. 하루는 아무런 말도 없이 회사에 나오지 않고 연락도 되지 않아 난리가 났는데, 다행히 별일 없는 짧은 잠수로 끝난 해프닝도 있었다. 아직 사회생활을 하기에는 미성숙하다고 할 수도 있고, 같이 일하는 단체 생활에 맞지 않다고 해도 크게 틀린 평가는 아니었다.

그렇다 보니 애당초 아이디어를 제안하고 적극적으로 기획 회의에 참여하리라는 기대가 딱히 없었다. 그런데 어느 날, 그가 아무도 시키지 않은 아이디어를 들고 나왔다! 튜터링 서비스에 게임의 룰을 적용해 재미를 키우자는 아이디어였다. 그는 그간 본 적

없는 표정으로 열심히 설명했다. 영어 콘텐츠 레벨을 한 단계씩 클리어할 때마다 배지를 주고 아이템을 살 수 있는 포인트를 제공하는 등 온라인 게임의 룰을 접목한 아이디어였다. 아이디어 자체도 신선했지만, 평소 말수가 없고 겉도는 줄 알았던 그가 우리 서비스에 애정을 갖고 아이디어를 고민해 발표한다는 게 더 놀라웠다. 차이가 일어나는 순간부터 발표를 듣는 내내 은연중에 편견을 갖고 그의 잠재력을 재단했던 내가 부끄러워졌다. 차이가 말을 마치자 회의실을 가득 메우는 환호성이 쏟아졌다. 스무 명의 직원들이 하나가 되어 그를 격려했다.

나중에 알게 됐지만, 차이는 그동안 자신을 드러내거나 능력을 발휘하기 힘들었던 환경에서 성장하며 늘 스스로를 감추고 살다가 우리 회사에 들어오고 처음으로 자신의 생각을 그대로 말해도 될 것 같은 기분이 들었다고 한다. 그동안 집과 학교에서 겪었던 답답함을 주인공이 되는 경험으로 해소한 것이다.

우리 회사 최초의 콘텐츠 개발자 클로지(가명)는 타운홀(전사 직원이 모이는 미팅) 시간에 늘 가장 먼저 아이디어를 제안하는 사람이었다. 그는 항상 아이디어가 넘쳤다. 부지런히 외부 세미나 등에 참석해 배운 다른 회사의 사례를 벤치마킹해 우리에게 신선한 자극을 주었다. 때로는 솔직할 정도로 서비스의 문제점을 콕 집어서 회의 시간을 얼어붙게 만들기도 했다. 이런 직언에 쿨하자고 마음 먹어도 어쩔 수 없이 날카롭게 꽂히는 기분이었다. 그럼에도 클로지의 대담하고 솔직한 의견은 우리 서비스가 발전하는 데 큰 도움이 되었다. 그 창의적인 아이디어들은 우리 서비스의 초기 콘텐츠에 그대로 녹아들었다.

## 누구나 주인공일 때 빛나는 법이다

이번에는 '시연요정' 진님(가칭)의 이야기도 들려주고 싶다. 시연에 특별한 재능을 갖춰 시연요정이라는 닉네임을 갖게 된 개발자가 있다. 그는 요정이라는 닉네임에 어울리지 않게 40대 중반의 나이에 18년 차 베테랑으로 당시 회사에서는 연장자 그룹에 속했지만 열정만큼은 세상 모든 게 궁금한 10대보다 강했다. 당시 우리는 거의 리추얼(의식)이라 할 만큼 개발 시연회를 정기적으로 열었다. 아무리 작은 기능을 개발하더라도 개발자가 전 사원 앞에 나와 직접 발표하는 자리다. 어떻게 동작하는지, 어떻게 쓰일 것인지, 개선점은 무엇인지 등 기능에 대한 모든 것을 타 부서 직원들에게 보여주어야 한다. 스마트폰을 큰 화면에 연동해 실시간으로 새로 구현된 기능을 보여주는데, 멋진 PPT 슬라이드의 도움도 받을 수 없어 발표하기가 무척 까다롭다.

엔지니어들은 다른 회사에서는 하지 않는 이 일을 달가워하지 않았다. 몇몇 엔지니어는 이런 시연 문화에 큰 부담을 느끼고 불만을 토로하기도 했다. 그럴 때마다 나는 이렇게 이야기했다.

"지금은 몇십 명 앞에서 발표하지만, 나중에는 몇십만 명 앞에서 발표하게 될 거예요. 그때를 위한 연습 무대라고 생각해주세요."

하지만 시연요정은 달랐다. 새로운 기능을 개발하고 난 후 타운홀 미팅이 열릴 때마다 먼저 시연을 보여주어 모두를 감동시켰다. 그가 개발한 피처Feature는 개발을 요청한 후 다른 급박한 사안 때문에 후순위로 밀린 것들이었다. 한때는 언제 개발이 되나 오매불망 기다렸지만 어느덧 우리 모두 잊어버린 기능들. 그러니 이 깜짝 시연을 보며 우리는 마치 선물을 받은 것같이 신이 났다.

시간이 갈수록 시연요정을 비롯해 무대에 선 엔지니어들의 열망에 찬 눈빛과 기대를 뛰어넘는 프레젠테이션을 보고 깜짝 놀라는 빈도가 점점 늘어났다. 그러더니 시연회가 끝나면 엔지니어들은 우레와 같은 박수갈채를 받았다. 그들의 창의성에 대한 칭찬이기도 하고 끝까지 해냈다는 감사의 박수이기도 하며, 또 찾아올 고된 작업에 대한 격려의 인사이기도 하다. 그리고 이 박수는 엔지니어들의 생각을 바꿨다. 한 엔지니어는 시연회에 나간 그 순간을 상상하며 힘든 코딩 개발을 묵묵히 견딘다고 했다. 이게 바로 셀프 스타터의 마인드다. 그들에게 무대에 서는 일은 억지로 해야 할 과제가 아니라 엔지니어로 한 뼘 더 성장할 수 있는 결정적 장면이다.

엔지니어에게 동기를 심어주는 것은 IT회사의 생존에 큰 영향을 미치는 숨은 성공 요인이다. 표면적으로 잘 드러나지 않지만 이런 동력이 모이면 IT회사는 생존을 넘어 성장을 도모할 수 있다. 셀프 스타터들에게 '기억에 남기고 싶은 장면'을 만드는 일은 물질적 보상 이상의 더 큰 에너지를 발휘한다. 엔지니어들에게 일어난 변화를 보면서 한 명 한 명에게 무대에 서는 기회를 주는 것이 무엇보다 중요하다는 교훈을 얻게 되었다. 사람은 역시 주인공일 때 빛나는 법이다.

우리 팀에는 쪽대본 회의와 시연회 행사 이외에 '데모데이'라는 이벤트도 있다. 새로운 비즈니스 모델이 개발될 즈음 열리는 행사로, 반나절 이상을 할애해 진행한다. 데모데이에서는 새로운 제품의 비전과 콘셉트부터 개발 과정, 디자인의 특징, 마케팅 전략, 그리고 엔드유저(사용자)까지 분석해서 공유한다. 사업 초기에 필요한 모든 것을 다루고, 전사 차원에서 토론하는 시간이다. 그런 만큼 이날은 직원 모두가 빠짐없이 참여한다. 바로 이 전원 참석에 큰 의미가 있다.

2020년 6월에 진행된 '튜터링 초등의 데모데이'에는 제품을 런칭하기 한 달 전, 전 사원이 참석했다. 튜터링 초등의 기획자, 개발자, 디자이너는 물론 신입사원까지 이 프로젝트에 참여한 모두가 무대로 나와서 각자 맡은 파트를 발표했다. 이후에는 직접 고객과 소통하는 'Learning Communication' 파트 전 직원이 직접 고객이 되어 실제로 서비스를 써보면서 개발팀과 꽤나 열띤 Q&A 시간을 가졌다. 이를 끝으로 데모데이는 마무리되었다.

나는 모두가 참석해야 하는 이런 무대를 무척 중요하게 생각한다. 튜터링과 이후 빅크에서 선보인 다양한 기능과 아이디어는 대부분 이런 자리에서 만들어졌기 때문이다. 처음에는 익숙하지 않더라도 경험이 쌓이다 보면 직원들은 조직 내에서 자신의 존재감을 자각하고, 자신이 하는 일의 의미를 극대화하게 된다. 셀프 스타터라면 이런 자리에 설수록 내재된 성장 DNA에 시동이 켜진다. 그들이 존재감을 확인하고 즉각적인 성취를 이루면 머지않은 미래에 성공하는 발판이 되고, 또 다음 성장으로 나아가는 힘이 된다. 이때 결핍은 더 나아지고 싶은 욕망을 자극하는 고효율의 순도 높은 연료로 작용한다.

나는 정말 운이 좋았다. 셀프 스타터의 기질이나 가치에 대해 전혀 몰랐지만, 부족한 환경에서 시작한 탓에 오히려 서로의 부족

**결핍은 더 나아지고 싶은
욕망을 자극하는
고효율의 순도 높은 연료다.**

함을 드러내고 그 결핍을 원대한 야심으로 바꾸기를 간절히 희망하는 셀프 스타터들을 만날 수 있었기 때문이다. 10년간 실패 전문가로 존재감 없이 집과 회사만 오가던 내게 이들의 존재는 행운이었다. 고백하건대 내가 한 일은 이들을 위한 자리를 깔아준 것, 단지 그뿐이었다.

# 셀프 스타터가 되려면

첫해 열 명 남짓하던 인원은 금세 스물여 명이 되었고, 다음 해에는 몇 배 이상 급격히 늘어났다. 조직이 급속도로 커지고 시장에서 어느 정도 자리를 잡아가면서 우리의 위치나 일하는 방식은 필연적으로 변할 수밖에 없었다. 그 과정에서 조직문화의 밑바탕이 되는 페인 포인트나 셀프 스타터 기질이 약화되지 않을까 걱정스러웠다. 밖에서 바라보는 시각도 바뀌었다. 더는 아무도 이 회사를 나의 열등감을 극복하기 위한 동아리로 바라보지 않았다. 이제 '회사'라는 타이틀에 걸맞는 이익 추구 집단이 되어야 했다. 그래서 인적 자원을 모으는 일에도 변화가 생겼다. 계속해서 창업에 실패했거나 결핍에서 비롯된 열망이 내재된 사람만 찾을 수는 없었다.

변화를 인정하고 받아들이기로 했다. 규모가 커지면 회사에서는 바뀔 수밖에 없는 것들이 생긴다. 어떤 부문에서는 전문성이 무엇보다 중요해지고, 또 어떤 부문에서는 도전 의식이 강한 사람보다 안정적이고 보수적인 성향의 인재가 필요하기도 하다. 하지만 조직이 커져도 우리의 DNA는 모종의 뿌리로서 남아 있기를 바랐다. 그것이 튜터링을 만들었고, 그 때문에 존재하고 있기 때문이었다. 어떻게 하면 잊지 않을 수 있을까? 계속 이어갈 수는 있을까? 혹 잊더라도 되새길 수 있을까?

이런 고민 끝에 'Self-Motivated, Self-Starter'의 기질에 대해 우리만의 정

의를 내리고 리추얼을 만들기로 했다. 리추얼이란 스스로 혹은 집단을 지키기 위한 독자적 의식을 뜻하는 말로, 종교에서의 의례처럼 회사에서도 습관처럼 지속하는 행위를 만들고자 했다.

## 셀프 스타터 DNA

▸ 조직의 전략과 방향을 깊게 이해하고 공감하면서 본인의 성장과 회사의 성장에 열정을 갖고 동조할 수 있는 사람.

▸ 높은 학습 욕구와 호기심을 가진 사람.

▸ 요청받지 않은 범위의 일에도 도전하는 자기 주도형 업무 스타일을 가진 사람.

## 셀프 스타터를 위한 리추얼

▸ 타운홀 미팅에서의 자발적인 발표 & PT, 쪽대본 문화.

▸ 아이디어 채널에 자유롭게 사용기 및 개선안을 올릴 수 있는 환경.

▸ 벤치마킹 사례를 모두에게 공유할 수 있는 환경.

그렇다면 셀프 스타터란 어떤 사람들일까? 다음의 문항 중 몇 가지에 해당하는지 체크해보자.

- [ ] 선견지명의 사고와 목적 기반의 동기부여로 움직이며 큰 그림을 쉽게 보는 편이다.
- [ ] 낙천적이고 삶을 충분히 즐길 줄 안다.
- [ ] 자존감이 높고 성공을 기대하지만, 실패 또한 배움으로 받아들인다.
- [ ] 도전에 대한 갈증이 있고, 도전에 따라오는 위험을 감수하려는 의지가 있다.
- [ ] 배움에는 끝이 없다고 생각한다. 항상 더 많은 것을 인지하고 이해하고자 한다.
- [ ] 끝없는 에너지가 있다. 육체적인 에너지뿐 아니라 감성적으로도 풍부하다.
- [ ] 집요하고 단호하다. 역경이 닥쳐와도 쉽게 단념하지 않는다.
- [ ] 일과 놀이를 즐기며, 건강과 감정 관리에도 관심이 많다.
- [ ] 어려운 상황에 처하더라도 극복할 자신감이 있다. 사소한 일에 진땀을 흘리지 않는다.
- [ ] 자기반성을 지속한다. 그리고 자신의 장단점을 솔직히 자각한다.
- [ ] 자신이 틀렸을 때는 겸허히 인정한다.
- [ ] 성공을 경외한다. 일을 잘한 스스로의 공로를 인정한다.

참고자료: www.thoughtsonlifeandlove.com

자가 체크 항목이 열 개 이상인가? 그렇다면 현재 갖고 있는 페인 포인트를 재료로 스스로 동기부여할 수 있는 셀프 스타터라는 뜻이다. 그렇지 않다고 해도 낙담할 필요는 없다. 위의 항목들은 과거에 했던 행동을 알아보기 위해서라기보다 현재의 마음가짐에 관한 지표들이다. 즉, 노력해서 내 것으로 만들 수 있다는 뜻이다. 어떤 생각과 태도를 가져야 좋은 실행력을 가질 것인가는 어렵지 않게 판단할 수 있다. 그렇기에 위의 항목들은 자기 동기가 충만한 셀프 스타터들이 갖고 있는 공통의 특징이기도 하다.

# 러닝커브가 가파른 학습 기계 되기

## '일 잘하는 머리는 어디에서 나올까?'

많은 사람을 인터뷰하고 채용하면서 느낀 것은 학창시절의 우등생이 스타트업에서 최고의 인재는 아니라는 사실이다. 내가 겪어본 결과 표준화된 학습 시스템에서의 공부 잘하는 머리와 소위 일 잘하는 머리는 매우 달랐다. 학교에서 공부 머리를 키우기 위해서는 인내심과 집중력이 무엇보다 중요하다. 사회에서 일 잘하는 머리를 만들기 위해서는 새로운 일을 두려워하지 않는 모험심과 내치지 않고 받아들일 줄 아는 겸손함이 필요하다. 나는 이 두 요소를 학습 역량의 핵심이라고 생각한다.

## '일을 하는데 왜 개인의 학습 역량이 중요할까?'

이미 성숙한 조직인 대기업과 달리 신생 기업에서는 개별 인적 자원의 역량에 따라 회사의 현재와 미래가 결정된다. 신생 스타트업이 시작하는 단계에서는 그 변화가 더 크게 보인다. 나는 이때 한 가지 배움을 얻었다. 우리 같은 회사는 대기업과는 다른 접근이 필요하다고. 채용이나 이탈에 큰 영향이 없고 빈자리가 금세 채워지는 기성 기업과는 전혀 다른, 혁신적인 방법이 필요했다. 나는 그

가능성을 개개인의 성장에서 보았다. 그래서 성장을 중요시하는 문화를 연구할 수밖에 없었다.

## '개인의 성장이 회사의 성장만큼 중요하다'

이 문장은 처음 회사를 창업한 시점부터 연쇄 창업에 나선 지금까지 지키고 있는 중요한 철학이다. 성장 욕구를 지닌 사람들과 궁합이 잘 맞은 이유이기도 하다. 내가 회사의 이익보다 직원 개개인의 발전과 행복을 생각하는 선하고 이상적인 사람이라는 말이 아니다. 창업을 하고 지금까지 개인의 역량이 곧 회사의 생존을 좌우하는 장면을 충분히 목격했다. 대표인 나를 포함해 구성원의 빠른 러닝 커브가 사업의 성장과 직결되는 경험이 쌓이면서 내걸게 된 슬로건이다.

조직원들의 학습 역량과 비즈니스의 발전 속도는 놀랍도록 비례한다. 어느 업계든 혁신을 외치는 시대지만, 스타트업 업계는 그 정도가 더욱 심하고 예민하다. 기술과 역량은 매우 빠르게 변화하고 있다. 마케팅, 디자인, 개발, 기획 등 어느 분야도 10년 전과 똑같은 곳은 없다. 좋은 학벌이나 스펙이 일선 현장에서는 거의 쓸모없는 경우도 허다하다. 그래서 점점 더 어느 학교, 무슨 과를 졸업했는지를 채용 기준으로 삼기 어려워지고 있다. 그보다 회사에서 필요한 새로운 트렌드의 기술과 협업 역량을 얼마나 빠르게 흡수해나갈 가능성이 보이는지가 훨씬 중요하다. 이런 학습 역량을 드러내는 키워드가 바로 '성장형 마인드셋Growth Mindset'이다. 스탠퍼드대학교의 심리학 교수 캐럴 드웩Carol Dweck의 《마인드셋》에 소개된 개념인데, 한마디로 '나는 더 나아질 수 있다'고 믿는 사고방식이다. 나이에 상관없이 항상 성장할 수 있다는 믿음, 자신의 능력을 경험과 노력으로 향상시킬 수 있다는 믿음에 관한 이야기다.

## 압축 성장을 이끄는, 러닝맨

우리 팀은 창업 초기에 팀의 대다수가 20대 인턴이었다. 모두 열심히 해줬지만, 나는 그중 다섯 명에게만 정규직 전환을 제안했다. 이들과 다른 인턴들과의 결정적 차이는 성장형 마인드셋 여부였다. 나는 지금도 이들이 어느 학교를 나오고 무엇을 전공했는지 기억나지 않지만, 공통적으로 보여준 학습 열정과 일을 대하는 적극적인 태도는 여전히 인상 깊게 남아 있다. 이들을 포함해 우리 팀을 초고속으로 성장시킨 초창기 멤버들은 대부분 학습 열정이 충만했다. 나는 그때 함께한 사람들을 '러닝맨Learning Man'이라 부른다.

　내가 꼽는 대표적인 러닝맨이자 초창기 마케터인 샨(가명)과의 첫 만남은 지금 떠올려도 신기하다. 법인 설립 직후, 우리는 롯데엑셀러레이터라는 창업 보육기관에 입주했다. 샨은 채용 공고를 내지도 않았는데 무료로 마케팅 컨설팅을 해주겠다고 사무실로 찾아왔다. 내가 의아한 표정으로 쳐다보자 본인이 마케팅 에이전시를 창업하는데 레퍼런스가 필요하다고 했다. 그리고 한 가지 더 재미있는 제안을 했다. 월급은 주지 않아도 되니, 마케터로 일할 순 없겠느냐는 것이었다. 10년 넘게 직장 생활을 해온 나로서는 그런 경우를 상상한 적도 없었다. 마침 회사에는 아직 마케팅 인력이 없었다. 반신반의했지만 밑져야 본전이었다. 그렇게 샨이 우리 팀에 합류했다.

그런데 반전이 있었다. 샨 또한 마케팅을 전혀 몰랐던 것이다! 마케팅 업무 경험도 전무했고, 관련 학과 출신조차 아니었다. 그럼에도 막상 마케팅 업무를 담당하게 되자, 매일 밤낮없이 관련 지식을 익혔다. 업계의 새로운 지식과 트렌드, 노하우를 끊임없이 공부해 제품에 적용하는 실험을 했다. 지식은 없었지만 집념만큼은 세계 최고였다. 샨은 단 하루도 새벽에 대시보드Dashboarde● 확인하는 일을 거른 적이 없었다. 자기 분야의 실적이 좋지 않으면 위장병이

---

● 웹에서 서비스의 다양한 기능을 한눈에 관리하도록 편집한 사용자 인터페이스

성장 엔진으로
활활 타오르기

생길 정도였다. 밤새 책상머리에 앉아 관련 서적을 읽고, 프로그램을 끊임없이 테스트해보는가 하면, 업계에서 소문난 유명 마케터들의 연락처를 어떻게든 알아내서 만남을 청하고 쫓아다니며 비결을 캐물었다.

그런 샨의 행동이 너무 궁금해서 물어봤다.

"정말 샨은 신기해요. 왜 이렇게까지 열심히 일을 하나요?"

그는 전혀 예상치 못한 대답을 했다.

"대표님이 불쌍해서 도와주고 싶어서요."

샨의 일에 대한 지독한 열정과 습득력 뒤에는 실패가 똬리를 틀고 있었다. 그 역시 우리 회사에 합류할 당시 자신이 창업했던 회사가 어려워지면서 힘든 시기를 보내고 있었다. 동분서주하는 나를 보면서 한때 대표였던 자신의 모습이 떠올랐다고 했다. 그래서 더 열심히 도와주고 싶었다고. 대표로서 짊어졌던 무게에 비하면 지금의 업무 스트레스는 행복에 가깝다는 이야기까지 해주며 오히려 고마워했다.

샨의 끈기와 열정은 우리 팀이 창업 2년 만에 열 배 이상 초고속 성장하는 데 결정적으로 기여했다. 나는 갓 서른 살이 된 샨에게 "2년이라는 짧은 기간 동안 해낸 일들이 대단해요."라고 말하며 그로스 리드 Growth Lead라는 팀장 자리를 제안했다. 그때 샨은 이렇게 말했다.

"아직 멀었어요. 부족하기만 한 것 같아요."

톡톡 튀는 성격 같지만 샨은 진실하고 겸손하다. 요즘에는 자신의 경험과 지식을 강연장에서 마음껏 펼치고 있다. 그의 노하우를 듣기 위해 강연과 컨설팅을 요청하는 곳이 쇄도할 정도로 업계에서는 알아주는 마케팅 전문 강사가 되었다. 구글캠퍼스 강연 중 1위를 차지하기도 했다. 그의 강연은 많은 사람에게 긍정적인 영향을 강하게 끼치고 있다.

또 다른 대표적인 러닝맨으로는 앤디(가명)가 있다. 그는 대학 졸업 직후 인턴으로 입사했는데, 그를 채용할 당시만 해도 큰 기대를 하지 않았다. 갓 졸업해 경력이 전무한 엔지니어에게 성과를 바라는 회사는 없으니까. 그러다 입사한 지 만 3년이 지날 때쯤 앤디는 우리 제품의 개발에 핵심 역량을 지닌 엔지니어로 점차 성장했다. 심지어 CTO님은 앤디가 프런트 엔드Front End• 개발에서 자신보다 역량이 뛰어나다고 칭찬할 정도였다.

앤디는 내가 지금까지 봐왔던 개발자들과는 확실히 달랐다. 대기업에서 기획자로 일하며 만난 개발자들은 어렵고 무서운 존재

---

• 사용자가 기능을 사용하기 위해 필요한 화면을 개발하는 업무

였다. 일거리를 잔뜩 싸 들고 찾아가면 삭막한 표정으로 툭툭 던지듯 말을 했고, 회의를 준비하는 순간부터 '이런 개발을 검토하면 또 혼나겠군' '내가 괜한 아이디어를 내서 일을 크게 만드는 건가?'라는 생각을 하게 할 만큼 고압적이었다. 협업하며 아이디어를 제시하거나 개발 검토를 할 때마다 알 수 없는 죄책감에 시달렸다.

반면 앤디의 피드백은 완전히 달랐다. 그는 늘 상냥했고, 함께 일하는 사람을 편안하게 대했으며 더 힘이 나게 해주는 개발자였다. 앤디에게 개발을 요청하거나 고민을 이야기하면 그의 첫 반응은 대개 "재미있을 것 같은데요?"라고 호기심을 보이거나 "더 어려운 기술을 써서 이렇게 해보는 건 어때요?"라며 고난도의 (개발자의 일이 더 힘들어지는) 접근법을 제시하는 보기 드문 유형이었다. 개발자 앞에서는 보통 위축되기 마련이지만, 그는 한술 더 떠서 좋은 피처와 더 복잡한 기술을 제시했다.

그에게 업무란 재미없는 숙제가 아니라 꼭 해결하고 싶은 연구 대상이자 미션이었다. 집념 또한 대단해서, 아무도 시키지 않았음에도 회사에서 처리하지 못한 일들을 집에 가져가 새벽까지 공부해서 해내곤 했다. 그러고는 바쁜 개발 일정 와중에도 기획 단계나 아이디어 구상 회의에 참여하길 원했다. 그러다 보니 그는 자신이 개발한 피처를 가져와 타운홀 미팅에서 시연회를 펼칠 때 가장 빛났다. 모두의 앞에 서서 짓던 앤디의 표정은 아직도 생생하다. 호기심 넘치는 표정과 쑥스러워하는 듯한 목소리에서 그가 피처 하나를 개발하는 데 얼마나 많은 시도를 했을지 여실히 느낄 수 있었다.

업무도 성격도 전혀 다르지만 샨과 앤디에게서 찾을 수 있는 공통점은 '강렬한 호기심'과 '뜨거운 성장 욕구'였다. 그들과 함께 일하면서 회사를 운영하는 원칙을 세울 수 있었다. '개인의 성장이 최우선순위다.' 성장 욕구가 높은 이들을 채용하고, 회사가 이것을 해소해주는 창구가 되어줌으로써 에너지가 폭발하는 모습을 수차례 목격했다.

그렇다면 러닝커브가 가파른 사람들의 특징은 무엇일까? 스타트업을 시작하면서 만난 러닝맨들에게는 두 가지 공통점이 있었다.

첫째, 일을 두려워하지 않는다. 현업에서 가능한 한 많은 깨달음을 얻으려면 일단은 일을 해봐야 한다. 특히 내가 해낼 수 있는 업무 이상의 범위를 해내려는 야심을 가지는 게 좋다. 계속해서 도전하고 몸에 익히는 방법이 가장 빠르고 효율적이다. 그리고 외부 자원으로 얻은 지식을 현업에서 바로 실천해보는 것이 그 지식을 진정한 내 것으로 만드는 가장 빠른 길이다.

성장 엔진으로
활활 타오르기

둘째, 항상 겸손한 태도를 지닌다. 최신 기술로 승부를 보는 IT 스타트업임에도 단연코 전문성보다 겸손한 태도가 중요하다. 기존의 성공 경험에 취해 다른 사람의 의견을 경청하지 않거나 고집을 부리는 일은 회사가 휘청거릴 만큼 독이 되는 경우가 많다. 스스로를 전문가라고 말하는 사람이 스타트업처럼 함께 새로운 걸 만들어가는 조직에 위험할 수 있는 이유다. 열린 마음과 내가 틀렸을 수 있다는 생각, 계속해서 업데이트하려는 자세야말로 성장의 열쇠다. 스스로 늘 여전히 부족하다고 생각하면 오히려 도움이 된다.

여기에 사족을 한 가지 꼭 덧붙이고 싶다. 스타트업 업계에 몸담고 있다 보니 안타깝게도 각종 외부 세미나나 네트워크 파티에서 만난 유명인을 팔로우 하는 것을 '학습'이라고 생각하는 사람들도 꽤 많이 봤다. 아무리 부지런히 다닌다 해도 이는 학습이 아니다. 수영을 잘하려면 물에 먼저 뛰어들어야 한다. 수영을 정말 잘하는 사람들과 친분이 있다고 해서 수영 실력이 늘지는 않는다.

당신은 성장형 마인드셋을 갖춘 사람인가, 고정형 마인드셋을 가진 사람인가? 한번 체크해보자.

이쯤에서 노파심에 하는 말인데, 고정형 마인드셋이 무조건 나쁘지는 않다. 세상에 존재하는 수많은 일 중에는 고정형 마인드셋을 필요로 하는 분야가 분명히 존재한다. 하지만 스타트업이나

열린 마음과 내가 틀렸을 수 있다는 생각,
계속해서 업데이트하려는 자세야말로
성장의 열쇠다.

| 성장형 마인드셋 | VS | 고정형 마인드셋 |
|---|---|---|
| • 처음에는 힘들지만 곧 개선될 것이라고 생각한다.<br>• 인내심이 가장 중요하다.<br>• 감사함을 아는 것은 큰 힘이 된다. | Skill | • 왜 할 수 없는지 이성적인 이유를 댄다.<br>• 쉽게 포기한다.<br>• 왜 틀렸는지 고집한다. |
| • 새로운 길을 찾는 것에 항상 호기심이 있다.<br>• 친절함으로 두려움을 극복한다.<br>• 항상 혁신 기회가 열려 있다고 생각한다. | Challenge | • 도전은 피하고 싶다.<br>• 틀렸음이 밝혀질 때 두렵다.<br>• 기회가 없어서 답답함을 많이 느낀다. |
| • 언제나 솔루션이 있음을 안다.<br>• 언젠가 길을 찾을 것이라 확신한다.<br>• 큰 미션과 장기적인 관점을 유지한다. | Effort | • 솔루션을 찾기 어렵다.<br>• 노력은 의미 없을 때가 많다.<br>• 단기적인 초점을 가질 때가 많다. |
| • 새로운 관점을 제공한다.<br>• 피드백은 새로운 것을 배울 기회다.<br>• 개선할 영역을 항상 정의한다. | Feedback | • 방어적이다.<br>• 개인적으로 받아들인다.<br>• 입을 다물고 있다. |
| • 책임을 감당한다.<br>• 내 행동에 책임질 수 있다.<br>• 회고하고 리뷰하고 다시 시작한다. | Setback | • 나는 충분하지 않다고 생각한다.<br>• 남 탓 하는 데 익숙하다.<br>• 곧 무기력해지고 물러선다. |

참고: www.bebrilliantnow.com

빠른 변화가 요구되는 산업 현장에서 일하면서도 고정형 마인드셋 성향을 갖고 있다면 전환이 필요하다. 성장형 마인드셋을 갖춘 사람은 예기치 못한 난관이 닥쳐도 비교적 쉽게 회복한다. 비판으로부터 배우고, 타인의 성공을 성장을 위한 자극으로 삼는 긍정적 에너지를 비교적 쉽게 만든다.

자신의 유형을 바꾸고 싶다면 어린 시절의 기억을 돌아보길 권한다. 호기심과 열정이 없는 어린이는 없다. 언제부터 혹은 어떤 계기로 지금의 성향이 만들어졌는지 노트를 펼치고 적어보자. 그 다음에는 변화를 모색하는 시간을 가져야 한다. 성장형 마인드셋을 갖추기 위한 생각 습관을 만들거나 관련된 책과 콘텐츠를 찾아보며 와닿을 수 있도록 장점을 확실히 느끼는 것도 좋은 방법이다.

# 러닝맨이 되려면

전 세계에서 손꼽히는 IT기업인 마이크로소프트사도 잃어버린 15년(2000~2014년)이라고 부를 만큼 성장이 정체된 시기가 있었다. 스티브 발머<sup>Steve Ballmer</sup>가 CEO였던 시절이다. 이 정체기를 끊은 사람은 사티아 나델라<sup>Satia Nadella</sup>였다. 그가 진행한 조직 문화 혁신은 이 시기를 극복할 수 있었던 턴어라운드라고 평가받는데, 이때 핵심이 된 키워드가 바로 성장형 마인드셋이었다.

나델라는 발머 시절의 조직 문화를 완전히 바꿨다. 이전에는 기존에 성공한 경험으로 인한 'Know-it-all(모든 것을 다 안다)' 문화가 판쳤다면, 나델라는 이를 'Learn-it-all(모든 것을 배운다)' 문화로 바꾸었다. 특히 배움과 독서를 마이크로소프트사의 사내 문화로 정착시켰다.

나 역시 팀원들이 회사에서 자아 실현과 개인의 성공, 회사의 성과를 연결하는 사례를 만들고 싶었다. 그 일환으로 독서 장려 프로그램부터 시작했다. 직원들의 월급을 충당하기도 힘들었던 창업 초창기 시절부터 독서비만큼은 아낌없이 지원했다. 아무리 프로젝트가 바쁘게 돌아가도 점심시간을 두 시간으로 확보해 독서토론에 참여하는 분위기도 조성했다. 이런 경험들을 바탕으로 우리 팀은 다음과 같은 러닝맨 DNA와 리추얼을 만들었다.

## 러닝맨 DNA

▶ 노력할 준비가 되어 있으며, 성장형 마인드셋을 지닌 사람.

▶ 주저하지 않고 새로운 분야를 배우려는 의지가 강한 사람.

▶ 배운 것을 실제 업무에 적용하고자 여러 시도와 노력을 하는 사람.

## 러닝맨을 위한 리추얼

▶ 사내외 교육 및 컨퍼런스, 세미나를 100% 지원하고, 권장한다.

▶ 사내 역량 강화 교육을 정기적으로 진행한다. 경험이 풍부하거나 해당 분야의 리더인 사람을 초빙한다.

▶ 점심시간 독서모임을 권장한다. 직원들이 자발적으로 참여하는 사내 독서토론회를 정례화한다.

성장 엔진으로
활활 타오르기

# 통찰력이 넘치는
# Why맨 되기

'고민이 깊을수록 더 높이 뛰어오를 수 있다'

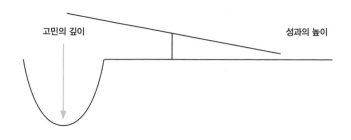

'고민의 깊이가 성장의 높이다. 더 깊이 고민할수록 더 높이 점프한다.'

이번 글에서 할 말을 한 문장으로 요약하자면 이렇다. 사회에서 일어나는 거의 모든 일은 문제를 해결하는 과정이다. 문제를 얼마나 파고들어 해석하는지가 해결 과정에 영향을 끼친다. 효율성과 비용은 물론 장기 파급효과 등 모든 부문을 고려해서 말이다.

그래서 나는 묻고 싶다. 당신은 제대로 보는 사람인가? 어떤 현상을 해석할 때 표면만 보고 있지는 않은가? 문제의 본질을 파악할 때는 '그 일이 왜 일어났는가?', 즉 'Why'에 대해 충분히 생각해야 한다. 또한 Why를 건너뛰고 '어떻게 해결할 것인가?'라는 How로 바로 넘어가서는 안 된다.

모든 일에서 Why를 먼저 고민하는 것은 비효율적으로 보일 수도 있다. 회사 생활을 하다 보면 당장 해결해야 할 급한 안건을 처리하는 것만으로도 벅차다. 그런데 좀 더 시간이 지나면 알게 된다. 문제에는 패턴이 있다. 당신이나 당신의 팀이 일으킨 문제나 시장에서 일어나는 모든 문제는 반복해서 발생한다. 따라서 Why에 대해 고민하는 것은 시간 낭비가 아니다. 오히려 문제를 다각도로 연구할수록 정답에 가까운 해결책을 얻을 수 있다.

Why에 천착한다고 해서 모든 문제가 해결되지는 않지만, 깊게 고민하는 습관은 장기적으로 탄탄한 경쟁력이 된다.

그렇다면 Why를 탐구하는 역량은 어디에서 올까? 나는 이것이 타고난다기보다 훈련으로 체득되는 학습 능력에 가깝다고 생각한다. 우리 팀은 정기적으로 Why를 생각하는 훈련을 한다. 1년에 한 번, 정체성을 고민하는 코어 밸류 워크숍 자리에서다. 예를 들면, 새로운 서비스가 런칭된 후에는 해당 프로젝트의 개발 팀원들이 모두 모여 모든 VOC Voice of Customer를 수집하고 분석한다. 왜 그런 이유가 나왔는지 다 함께 화면을 보며 논의하는 것이다.

예를 더 들어보자. 튜터링 서비스의 환불 사유 1위는 '시간이 없어서'다. 튜터링은 바쁜 사람들이 편리하게 접근하도록 만든 어학 서비스인데 환불 사유 1위가 시간이 없어서라니⋯. 아이러니했다. 자신의 스케줄에 따라 틈나는 대로 쓸 수 있고, 30초 만에 해외에 있는 튜터들과 만남이 가능한데도 말이다.

나는 '시간이 없다'는 당황스러운 표현 이면에는 많은 것이 함축되어 있다고 판단했다. 물리적 시간이 아닌 마음의 시간일 수도 있고, 객관적으로 타인이 측정할 수 없는 개인적인 이유일 수도 있었다. 영어 회화에는 동영상 감상보다 훨씬 많은 에너지가 필요하다. 실력을 향상시키고 싶은 마음에 비해 공부를 하려는 실행력이 약할 수도, 수업을 듣는 그 짧은 시간을 TV나 게임 등 다른 데 사용하고 있을지도 몰랐다.

우리는 그런 고객들을 이해한다. 그리고 우리의 의무는 그들이 편하게 학습할 수 있는 환경을 제공하는 것이다. 고객들은 궁극적으로 편한 시간, 편한 장소에서 긴장 없이 영어 회화를 하는 습관을 만들고 싶은 마음이 클 것이다. 그래서 우리는 튜터링을 할 수 있는 곳으로 '잠들기 전 침대 위'라든가 '퇴근 후 소파' 등 가장 편안하고 안정감을 주는 장소를 추천했다. 그리고 학습의 지속성을 위한 알람과 학습 통계 등 학습자를 끌어들일 수 있는 기능들을 계속해서 개발해나갔다.

Why는 튜터링 업무 프로세스의 가장 대표적인 '툴'이라고 해도 과언이 아니다. 미션과 비전부터 각 사업 단계 과제마다 세부적인 사항까지도 Why를 통해 문제를 해결하려고 한다. 그러다 보면 질문이 끝도 없이 나온다. 왜 이 화면에서 예상했던 반응이 나오지 않을까? 왜 콘텐츠를 보면서 바로 수업을 시작하려 하지 않는 걸까? 왜 이 캠페인에서 이탈되는 것일까?

Why만의 또 하나의 장점은 물음으로써 고객의 생각을 이해하는 사고 훈련을 한다는 것이다. 이런 방식을 거치며 개선된 시스템이 실제로 고객 만족을 높이는 데 크게 기여했다.

"우리가 유저의 숨결까지 이해할 수 있다면, 절반은 성공한 거예요."

내가 동료들에게 가장 많이 하는 말이다. 사업 전략을 세울 때는 고객들을 이해하는 것이 가장 중요하다. 소비자의 마음을 먼저 이해한다면, 사업을 성장시키는 일은 의외로 쉬울 수도 있다. 피상적인 행동 탐구가 아니라 무의식 중에 어떤 본능이 그런 행동을 하게 했는지 파악해야 한다는 뜻이다. 프로필에 따라 세분화해보기도 하고, 한데 묶어도 보고, 따로 분류하기도 하면서 그룹화해야 한다.

통찰력을 기르기 위해서는
각각의 니즈를 잘게 나눠보는 훈련이 필요하다.
쪼개고 더 쪼개고…
원자가 될 때까지 쪼개본다.
이 또한 결국 결핍에 대한 탐구다.

이를 한 단어로 줄이면 '통찰력'이다.

통찰력을 기르기 위해서는 각각의 니즈를 잘게 나눠보는 훈련이 필요하다. 쪼개고 더 쪼개고… 원자가 될 때까지 쪼개본다. 그러고 나면 그 유저의 본능이 드러난다. 이 또한 결국 결핍에 대한 탐구다. 사업을 성공적으로 이끌려면, 결핍을 충족해주는 무언가를 계속 기획하고 제공해야 한다. 스타트업이든, 음식점이든, 글을 쓰든 본질은 같다.

명심하자. 내가 만들거나 제공한 그 무언가에서 소비자의 숨결을 느낄 수만 있다면, 머릿속 상상을 훔쳐낼 수만 있다면… 무슨 일을 하든지 반 이상은 성공한 것이나 다름없다.

**성장 엔진으로
활활 타오르기**

# Yes맨이 아닌 Why맨이 되려면

《나는 왜 이 일을 하는가》의 저자 사이먼 사이넥Simon Sinek은 세계적인 리더들의 공통점은 항상 'Why'에서 출발하는 것이라고 말한다. Why를 가장 먼저 고민하고 나서 How, What의 순서로 소통한다고 말이다. 그럼 이쯤에서 스스로를 돌아보자. 일을 하든, 다른 것을 하든, Why에 대해 고민해본 적이 있는가?

'위대한 리더들이 행동을 이끌어내는 방법'이라는 TED 강연에서 사이넥은 위대한 리더들은 발상법이 특별하다고 말한다. 스티브 잡스든 마틴 루터 킹이든 혹은 라이트 형제든, 위대한 리더들은 이전과는 다른 방법으로 생각하고, 행동하고, 소통했다. 그 점에서 그들끼리는 같았고, 그 외의 사람들과 구별되었다. 사이먼 사이넥은 이들의 발상법을 나름대로 정리해 '골든 서클'이라고 이름 붙였다.

그는 리더들이 '왜? 어떻게? 무엇을?' 이 순서로 질문한다는 점에 주목했다. 이 단순한 사실로 인해 소수의 리더들이 세상에 영감을 주는 존재가 될 수 있었다고 설명한다. 대부분의 사람은 스스로 무슨 일을 하는지 알고 있다. 그 일에서 보람과 가치를 찾기도 하고, 경제적으로 부를 창출하기도 한다. 이로써 자신이 무엇을 하고, 왜 하는지 안다고 생각한다.

하지만 사이넥에 따르면 이 지점에서 '왜?'라는 질문을 던졌을 때 몇몇의 리더와 나머지 사람들의 사고회로가 완전히 갈라진다. 여기서 말하는 '왜?'는 '기업의 목적은 이윤 창출이다'와 같은 결과에 대한 질문이 아니다. 무엇이 목적인

지, 신념은 무엇인지에 더 가깝다. 이를테면 '당신이 속한 조직은 왜 존재합니까?' '당신은 왜 아침에 침대에서 일어납니까?' '왜 누군가를 신경 써야 합니까?'라는 질문을 받았을 때 평범한 보통의 사람이라면 가장 명확한 것에서 시작해 까다로운 쪽으로 흘러가는 반면, 영감을 주는 리더들은 보이지 않는 가장 깊은 곳에서 시작해 바깥으로 사고의 단계를 확장한다고 한다.

그렇다면 지금 몸담고 있는 직장이나 조직의 분위기를 한번 살펴보자. 혹시 우리 조직에서, 본질적인 가치에 대해 이야기하면 얼마나 어색한 기운이 흐를 것 같은가? 항상 현업과 긴급한 사안들을 쳐내기에 급급한가? 그렇다면 쳇바퀴 돌듯 돌 수밖에 없고, 어떤 이유로 느려지거나 멈추면 회복하기 어렵다. 이것은 비단 조직뿐 아니라 개인도 마찬가지다. 'Why'에 대한 질문은 영감뿐 아니라 목표를 보다 명확하게 만들어 인내와 집념의 버팀목이 되어준다.

우리가 지난 세월 동안 찾아낸 통찰력이 넘치는 Why맨은 다음과 같다. 그리고 Why맨들로 조직 내의 창의적인 분위기를 유지하기를 원한다면 다음 페이지에 있는 리추얼을 반복할 것.

## Why맨 DNA

▸ 문제 해결에 급급하지 않고 넓은 시야에서 접근이 가능한 사람.

▸ 시스템을 구조화할 역량이 있고, 문제를 단계별로 해결할 수 있는
   높은 의사결정 수준을 가진 사람.

▸ 타인에 대한 공감 능력이 높은 이타주의자.

## Why맨을 위한 리추얼

▸ 연 1회, 혹은 반기마다 부서별로 각자 하는 일에 대한 정체성을
   재확립한다.

▸ 정체성 재확립에는 왜 이 일을 하는지, 어떤 동기부여를 원하는지
   등을 포함한다.

▸ KPI(핵심성과지표) 수립 시 부서별 의사결정 및 우선순위 가치관을
   심도 있게 논의한다.

▸ Why에 대한 본질 탐구를 습관화한다.

▸ VOC 피드백 세션을 두어 고객들이 우리 서비스를 쓰는 과정에서 왜
   그런 의견이 나왔는지 논의하는 시간을 정례화한다.

# 전문가 대신 오지라퍼 되기

'오지라퍼'라는 말을 들어보았는가? 자기 일이 아닌 일에 먼저 나서서 참견하는 사람을 뜻하는 말로 어디에서나 환영받지 못하는 존재다. 그런데 과연 그럴까?

어느 정도 규모가 있는 회사의 채용 공고를 보면 빠지지 않는 말이 있다.

'협업을 원활히 할 수 있는 커뮤니케이션 능력이 있는 사람.'

회사에서 이런 인재를 원한다고 하더라도 과연 어떤 방식으로 선발하는지는 모르겠다. 그리고 설령 그런 사람을 뽑는다고 해도 경직된 환경에서는 협업하려는 의지가 오히려 오지랖으로 비칠 우려가 있다. 전문가들로 이루어진 집단일수록 자기 영역에 간섭하는 사람을 싫어하기 때문이다. 따라서 친화력 있는 성향만으로 자연스럽게 협업하는 환경을 구축하는 것은 불가능에 가깝다. 개인의 능력이 아닌 시스템의 문제이기 때문이다.

기획자로 일할 때 가장 힘들었던 것은 디자이너와 개발자, 그리고 기획팀 간의 협업을 만들어내는 일이었다. 특히 층층이 쌓인 보고 체계는 좌절의 벽이었다. 아이디어가 하나 나올 때마다 우선 기획팀 팀장에게 승인받고, 이후 디자인팀에 보고하고, 그다음 개발팀에 보고하는 방식의 프로세스를 따라야 했다. 이러한 결제 과정에서 진이 다 빠져서 초반의 추진력은 금세 잃어버리기 일쑤였다.

물론 아이디어 기획을 디자이너와 개발자가 함께 검토하는 것은 당연하다. 문제는 검토가 아니라 조직 구조다. 직능별로 팀을 나눠 새로운 안건이 있을 때마다 각 팀별로 회의와 의사결정을 반복하고 다음으로 나아가는 프로세스는, 하루가 멀다 하고 새로운 기술이 터져 나오는 변화무쌍한 IT서비스 업계에 맞지 않았다. 디자이너로 근무할 때도 기회가 될 때마다 기획 아이디어를 제안했는데, 그때마다 아이디어에 대한 평가보다 '디자이너'이기 때문에 기획 업무를 하면 안 된다는 지적을 주로 받았다. 서로의 R&R Role & Responsibility을 '침해'하는 행위이며, 월권이라는 말까지 들어야 했다.

그때 처음으로 책이 아닌 현실에서 '월권 행위'라는 단어를 들었다. 나는 회사 내에서 눈치도 없고, 여러 사람의 골치를 아프게 하는 오지라퍼였다. 그 회사에는 다른 직군의 사람이 자신의 업무에 의견을 제시하거나 아이디어를 꺼내는 것은 업무 권한에 대한 침해이자, 전문성에 대한 공격으로 받아들여지는 분위기가 있었다.

내가 삼성에서 번번이 실패했던 여러 요인 중 한 가지가 바로 이 지나친 '전문성'의 강조였다. 직능별로 짜인 팀의 구조에서 각 팀장은 당연히 팀을 보호하는 입장을 취하고, 자연스레 다른 팀에 방어적인 자세가 된다. 기획팀 팀장이라고 하면 디자인, 개발, 마케팅 업무를 하는 인력에게 방어기제를 높이고, 이런 일이 반복되면서 프로젝트는 결국 추진력을 잃는다.

"우리 팀 스콥(범위)이 아니에요. 그 일은 기획팀에서 정의해서 주셔야죠."

"디자인이 끝나지 않아서 개발을 아예 시작할 수 없어요. 프로젝트 일정은 모두 미뤄야겠네요."

"우리 팀에 이 업무를 할 수 있는 사람은 없어요. R&R 정의가 안 되어 있거든요."

대기업에 있었던 10년간 대사처럼 가장 많이 들어온 말이다. 특히 R&R 정의가 애매한 신규 사업이나 어느 팀 소관인지 명확하지 않은 회색지대에 놓인 프로젝트는, 직능 단위 팀 체계로 이루어진 조직에서 실패할 수밖에 없다. 조직 논리를 먼저 고민하다가 항상 속도가 더뎌졌고, 그렇다고 해서 가장 효율적인 답을 찾는 것도 아닌 상황의 연속이었다. 조직 관리의 논리와 프로젝트의 논리가 충돌하는 소용돌이에서 10년을 보냈던 나는 창업을 하고 처음부터 전 직원에게 강조했다.

"모두 오지라퍼가 되세요. 우리 회사에 입사한 이상 당신은 더이상 개발자가 아니라 '개케터'고, 마케터가 아닌 '마발자', '기자이너'입니다."

눈치챘겠지만, '개케터'는 개발자와 마케터의 합성어다. 코딩만 잘하는 개발자가 아니라, 마케터처럼 고객의 관점에서 생각해 개발하는, 그리고 그 제품을 어떻게 마케팅할지도 같이 고민할 줄 아는 개발자를 의미한다. '마발자'는 마케터와 개발자의 합성어다. 멋진 카피와 이미지로만 승부를 보는 마케터가 아니라, 제품의 본질을 고민하고, 마케팅 캠페인 기획과 함께 데이터 분석을 어떻게 할지 아는 마케터를 의미한다. '기자이너'는 기획자이자 디자이너를 의미하며, 시각 디자인뿐 아니라 제품의 콘셉트와 고객의 행동을 분석하고 기획할 수 있는 사람을 의미한다. 재미로 붙여본 괴상한 이름이 아니다. 스스로의 정체성과 업무 범위에 한계를 긋지 말기를 바라는 뜻으로 나름의 철학을 담은 말이다.

## 개케터, 마발자, 기자이너가 불러오는 마법

어느 날, 사무실을 지나가다가 이런 대화를 들었다.

"그래서 이 프로젝트의 매출 목표는 어떻게 되나요?"

"궁극적으로 이 화면에서 고객들이 왜 이탈하는 거죠?"

"적어도 이런 제품은 하반기 중에는 나와야 승부를 볼 수 있지 않을까요?"

내가 어느 팀 옆을 지나가고 있었던 것 같은가? 기획팀? 아니다. 이 대화는 개발자들끼리 진행하는 회의에서 나온 이야기다. 우리 팀의 개발자는 코딩만 하는 것이 아니라 본인이 개발한 제품이 어떻게 시장에 파급력을 줄 수 있는지를 같이 고민하고 제안한다.

"SQL을 배워서 데이터 기반의 A/B 테스트를 해보고 싶어요."

이 말 역시 데이터 분석 부서 또는 마케터가 아니라 UX 디자이너가 한 말이다. 막연히 감에 의존하는 디자인이 아니라 각 화면별 구성 요소에 따라 고객들이 어떻게 반응하는지 데이터로 결과를 분석하고, 시장에서 반응하는 디자인을 하고 싶다고 했다.

시스템과 분위기는 사람을 만든다. 나는 길다면 꽤나 긴 IT 업계 커리어가 있지만, 우리 팀의 개발자와 디자이너들만큼 비즈니스 이해도가 높고, 우리 팀의 마케터만큼 개발팀을 존중하고 제품을 한없이 걱정하는 경우는 못 봤다. 개케터와 마발자와 기자이너의 존재가 튜터링과 같은 작은 기업이 시장에서 계속 성장할 수 있었던 요인이라고 생각하는 이유다.

최소한 우리 업계에서 경력과 전문성으로 평가받는 시대는 끝났다. 그것은 최소 요구 사항일 뿐, 이제는 공감 능력을 바탕으로 얼마나 유연하게 협업할 수 있는지, 빠르게 도전할 준비와 태도를 갖추었는지 여부가 기본 역량이다. 다른 분야의 업무에 관심을 갖고 참견할 수 있는 사람은 자기 전문성에 대한 기준 역시 상당히 높다. 그리고 함께했던 동료들을 보면서 또 한 가지 확신을 갖게 됐다. 고객과 우리 서비스에 대한 애정이 각별할수록 오지라퍼의 길을 걷는다. 그래서 나는 오지라퍼를 애정과 에너지와 잠재력이 큰 사람이라 정의한다.

앞으로의 세상은 무엇 하나만 잘한다고 잘될 수 없다. 사회는 다양화·다원화되었고, 어떤 분야든 잘하는 사람은 너무 많다. 그래서 과거에 비해 한 우물만 파서 성공할 확률은 크게 낮아졌다. 사업에서도 마찬가지다. 사랑받는 제품을 만들고 고객과의 접점을 찾아 살아남으려면 필연적으로 오지라퍼가 될 수밖에 없다.

스타트업 업계에서는 오지라퍼를 만드는 방법 중 하나로 '프로젝트 회고' 시간을 활용한다. 프로젝트가 떨어지면, 모든 직군이 두루 포함될 수 있도록 TF를 구성하고, 시작할 때는 '킥오프 미팅', 끝날 때는 '회고'를 하는 자리를 갖는다. 여기에서 직군별로 저마다의 어려움과 각자의 사정을 털어놓는다. 그런데 희한하게도 프로젝트 회고가 끝나면 다른 직군의 노고를 알게 되면서 마음가짐이 달라지게 된다. 타 직군의 목표점과 일하는 방식을 더 깊게 이해하고, 효율을 높이는 데도 도움이 된다.

앞에서 말했던 '타운홀 미팅'도 효과적이다. 디자이너인 리사(가명)는 타운홀 쪽대본 시간 15분 동안 전 사원에게 디자인 툴인 피그마Figma의 숨은 기능을 멋지게 발표했다. 쓸 일도 없는데 지루하지 않았냐고? 지루하기는커녕 모두를 피그마의 다양한 옵션이 마술처럼 디자인 작품에 입히는 것을 지켜보며 눈이 휘둥그레진 채로 감탄사를 연발했다. 심지어 발표가 끝난 후에는 디자이너가 아님에도 리사에게 따로 찾아가 이것저것 물어보는 사람도 많아졌다. 운영팀에서도 '피그마를 배우고 싶다' '시작해보고 싶다'는 의견이 나왔다. 나도 가끔 주말에 피그마의 숨은 기능을 찾아보곤 했다. 내가 그 당시 발견한 새로운 재미였다.

조직에 오지라퍼가 늘어나면 각자 해결해야만 하는 숙제, 혹은 지루한 업무가 공동의 목표로 전환된다. 오지라퍼가 불러오는 마법이다. 그렇게 다 같이 무언가를 만들어가는 '일'을 하고 있음을 깨닫게 된다. 그러니 우리 회사의 사례나 프로젝트 회고 시간을 힌트 삼아 오지라퍼가 되길 적극 추천한다. 오지라퍼는 되는 과정부터 남는 장사다. 함께하는 일의 가치를 몇 배나 끌어올리는 효율적이고 긍정적인 변화의 에너지가 따라온다!

조직에 오지라퍼가 늘어나면
각자 해결해야만 하는 숙제,
혹은 지루한 업무가 공동의 목표로 전환된다.
그렇게 다 같이 무언가를 만들어가는
'일'을 하고 있음을 깨닫게 된다.

# 회반죽 리더십과 융합형 인재 오지라퍼

'TED 우먼 2015'에서 미국의 칼럼니스트 마거릿 헤퍼넌[Margaret Heffernan]이 '일터에서의 서열을 잊어라[Forget the pecking order at work]'라는 주제로 강연했다. 그때 사례로 들었던 연구 결과는 사업가의 관점에서 꽤 흥미로웠다. 무엇이 특정 그룹을 성공시키는 요소인가에 대한 연구였다.

먼저 몇백 명을 몇 개의 그룹으로 나누고, 아주 어려운 문제를 냈다. 문제 풀이를 마친 후 그룹마다 생산성과 효율성을 분석한 결과, 큰 차이가 나타났다. 가장 높은 점수를 기록한 그룹에는 어떤 인재들이 포진해 있었을까? 흥미롭게도 고득점 그룹은 높은 IQ를 가진 사람이 포함된 그룹이 아니었다. IQ 합산이 가장 높은 그룹도 아니었다. 대신 세 가지 눈에 띄는 특징이 있었다. 첫째, 그들은 남다른 감수성을 소유해 공감 능력이 뛰어났다. 이것은 문제 유형 중 '눈으로 마음 읽기'라는 테스트로 측정되었다. 둘째, 그들은 모든 그룹원에게 공평하게 기회를 제공했다. 한두 명이 문제 풀이를 주도적으로 이끌지도 않았고, 옆으로 빠져 무임승차한 사람도 없었다. 셋째, 다른 그룹에 비해 여성의 비율이 높았다. 이것은 첫 번째 이유와 연결되는 부분이기도 한데, 마음 읽기 테스트에서 대체로 여성이 더 높은 점수를 받았기 때문이다. 공감 점수가 두 배 높았기 때문일까? 아니면 그로 인해 다양한 관점을 가질 수 있었기 때문일까? 이 실험은 성공한 그룹의 비결이 바로 사회적 유대감에 있다는 것을 말해준다. 성공적인 결과를 도출한 그룹과 그렇지 못한 그룹의 가장 큰 차이는 공평한 기회와 공감 능력을 기반으로 한 높은 유대감이었다. 헤퍼넌은 연구 결과를 밝히며 이렇게 덧붙인다.

"뻔하게 들리지만 협동심은 성공하는 조직의 절대적인 조건입니다. 각자의 능력을 뛰어넘게 하기 때문입니다. 협동심은 내가 모든 것을 배울 필요도, 처음부터 끝까지 혼자 할 필요도 없이 도움을 나누는 데 익숙한 사람들과 일한다는 뜻입니다. (…)

저는 컨설팅을 하러 가는 회사마다 책상에서 커피를 치우고 사람들이 커피 머신을 사용하고 휴게실에서 어울리면서 서로 대화하도록 합니다. 이를 스웨덴에선 '피카FIKA'라고 합니다. 단순한 커피 타임이 아니라 공동의 회복이라는 뜻입니다. 미국 메인주에 있는 반려동물 케어 업체 아이덱스IDEXX는 구내에 텃밭을 만들어놓고, 여러 부서의 사람들이 함께 텃밭을 일구면서 교류하도록 장려합니다. 그러면서 직원들은 회사 사업의 큰 방향을 알아가게 됩니다. 회사는 생각을 못 합니다. 생각은 사람이 하는 겁니다. 그리고 사람들은 같이 발전하고 있다는 유대감, 의리, 믿음 등의 감정으로 움직입니다. 중요한 것은 벽돌 하나가 아니라 서로를 잇는 회반죽입니다. 지금까지 우리는 영웅적인 리더가 나타나 방향을 제시하고, 난제와 미션을 풀어주리라 기대했습니다. 그러나 우리는 이 리더십을 다시 정의해야 합니다. 각자 모두가 그들의 가장 대담한 생각을 옆에 있는사람들에게 나눌 수 있는 판을 만들어야 합니다. 거기에서부터 새로운 능력이 발휘됩니다."

4차 산업혁명 시대를 살아가는 우리에게는 이전과는 다른 새로운 역할 모델이 필요하다. 이러한 시기에는 개인과 회사 모두 변해야 살아남을 수 있다. 개인은 스스로 오지라퍼인 융합형 인재가 되는 데 관심을 가져야 하고, 회사는 이런 융합형 인재들을 끈끈하게 이어주는 회반죽 리더십과 조직 문화를 가져야 한다. 우리도 노력 중이다. 이를 위해 우리는 오지라퍼 DNA를 다음과 같이 정의하고, 다음과 같은 리추얼을 진행한다.

### 오지라퍼 DNA

▶ 전공이나 전문 분야가 아니더라도 전사의 미션 달성을 위해 다른 분야까지 관심과 열정을 갖고 지속적으로 참여하는 성향.

▶ 때로는 희생할 줄도 알고, 이타적인 감성으로 동료들과 높은 유대 관계를 형성하는 사람.

### 오지라퍼를 위한 리추얼

▶ 각 부서원에게 별명을 붙인다.
예) 마케터를 지속해서 돕는 개발자 – 개케터 / 카피를 잘 만드는 개발자 – 아이디어 뱅커 / 개발 설계 외 데이터 분석까지 가능한 개발자 – 마발자

▶ 프로젝트는 항상 'Cross Functional(역할을 넘나드는)' 팀 멤버로 구성한다. 다양한 직능이 함께하도록 조직하며, 프로젝트의 시작과 마무리도 같이 한다.

▶ 프로젝트 회고를 진행한다. 타운홀 미팅으로 돌아보는 시간을 가짐으로써 직원들이 서로 직능의 고충을 이해하고 넓은 시야를

갖도록 한다.

▶ 자유로운 형식의 발표를 유도한다. 제한은 최소화하고 자유는
최대화한다.

▶ 자신이 하는 일과는 약간의 관련성만 있어도 충분하다.

# 오뚝이형 개척자가 되자

세계 최대 글로벌 인맥 관리 서비스 링크드인Linked in의 창업자 리드 호프만Reid Hoffman은 이런 말을 했다.

"스타트업이란 절벽에서 뛰어내린 다음 비행기를 조립해서 날아가야 하는 일이다."

이 말은 스타트업이 성공할 확률이 얼마나 희박한지 말해준다. 내가 아는 거의 모든 스타트업 대표들이 공감하는 말이기도 하다. 실제로 오랫동안 생존하고 성공하는 스타트업의 비율은 탄생하는 기업 대비 1%에 가까울 정도로 저조하기 때문에 호프만의 말

성장 엔진으로
활활 타오르기

은 단순한 비유가 아니다.

그럼에도 이 문장은 여러 가지 생각할 여지를 남긴다. 이 말을 표현 그대로 해석해보자. 절벽에서 뛰어내리는 것은 어찌어찌 할 수 있다 치자. 그런데 그러고 나서 비행기를 조립할 수 있을까? 한 번이라도 비행기를 조립해본 적은 있을까? 매뉴얼이라도 본 적이 있을까? 어떻게 운 좋게 비행기를 조립했다고 치자. 그다음 비행기 운항은? 또 운 좋게 엔진을 작동시켜 하늘로 올라갔다고 해도 기후 가 급변할 수도, 관제탑과 교신에 실패할 수도 있다. 인류사를 통틀 어 절벽에서 뛰어내린 다음 비행기를 조립해본 사람은 없다. 그만 큼 실패 확률이 절대적으로 높다. 누구도 성공해본 적 없기 때문에 어디에서 배울 수도 없다. 게다가 기회는 딱 한 번뿐이다. 자, 다시 생각해보자. 절벽에서 맨몸으로 뛰어내려 비행기를 조립해 날아갈 수 있는 확률은 얼마나 될까?

## 영구적 베타의 시대, 최대한 빨리, 최대한 많이 시도하기

당연히 '절벽에서 뛰어내린 다음 비행기를 조립해서 날아가는 일' 보다는 스타트업이 그나마 괜찮다. 스타트업에는 여러 번의 기회 가 주어지니까. 오히려 한 번의 완벽한 도전보다 반복해서 불완전 한 도전을 하는 것이 스타트업의 일이다. IT 스타트업에는 이를 대

변하는 말이 있다. '영구적 베타'. 서비스를 개발하는 과정의 미비함을 가리키는 말로, 제조업처럼 제품을 완성해 시장에 판매하는 것이 아니라 완벽하지 않은 상태로 일단 시장에 내보내고, 사용자들의 지속적인 피드백을 받으며 시장의 니즈에 더욱 가까운 제품으로 발전해나간다는 의미다.

예를 들어, 갤럭시 스마트폰의 하드웨어는 일단 생산되면 완제품 형태로 고객의 손에 들어간다. 더 이상의 업데이트는 어렵다. 하지만 스마트폰 내에 있는 각종 콘텐츠와 서비스는 지속적으로 업데이트된다. 페이스북도 마찬가지다. 페이스북의 애용자라면 이미 알겠지만, 1년에도 몇 번씩이나 화면의 UI^User Interface가 바뀌고, 이전의 상태로 돌아오기도 한다.

다른 것 같아도 이 둘은 결국 같은 방향을 가리킨다. 사용자들에게 최적화된 사용 경험을 제공함으로써, 자사의 이익을 극대화하기 위해 실험을 하는 것이다. 그렇게 이 두 가지는 원인과 결과로 자연스럽게 이어진다.

이런 종류의 회사들은 실험을 거듭하며 최적의 아이디어를 채택하고, 나머지는 버리면서 완성으로 나아간다. 그러나 실험은 계속되므로 진정한 '완성'은 없다. 과정만 있을 뿐이다. 베타 기간은 결코 끝나지 않기에 모든 서비스는 영구적 베타나 다름없다.

비단 스타트업뿐만이 아니다. 오늘날은 모든 부문에서 영구적 베타의 시대라 해도 과언이 아니다. 과거의 삶은 갤럭시 스마트폰의 하드웨어를 만드는 일과 같았다. 모든 원칙이 이미 정해져 있었고, 그 틀 안에서 누가 더 성실히 잘 살아가느냐가 중요했다. 이제는 누가 더 빠르게 다양한 시도를 하고, 새로운 틀을 만들어내느냐가 중요해졌다. 누구도 미래를 예측할 수는 없다. 2020년 초, 코로나가 대유행하고, 팬데믹이 전 지구적인 경제 위기를 가져올 것이라는 사실을 아무도 몰랐던 것처럼 말이다. 여러 분야에서 기존의 데이터가 갈수록 의미를 잃어가면서 불확실성은 점점 더 높아지고 있다. 예측이 어려운 다변화 시대를 살아가는 우리에게는 일과 삶 속에서 새로운 과제를 두려워하지 않고 작은 도전들을 채워 넣는 습관이 필요하다. 해보지 않고서는 실패할지 성공할지 알 수 없다. 실패는 성공의 어머니까지는 아니더라도 지름길이 될 수 있다. 단, 실패를 돌아볼 수 있는 마인드와 시스템이 있다면 말이다.

실패는 성공의 어머니까지는 아니더라도
지름길이 될 수 있다.
단, 실패를 돌아볼 수 있는 마인드와
시스템이 있다면 말이다.

# 빠른 실패를 지향하는 개척자 되기

## 수많은 시도와 실패가 반드시 전제된다

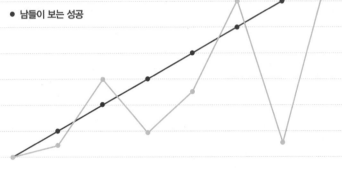

● 실제 성공

● 남들이 보는 성공

## 오뚝이형 DNA

▶ 계속 실험하고 새로운 아이디어를 쏟아붓는 열정을 지닌 사람.

▶ 제안이 받아들여지지 않더라도 자신만의 관점으로 계속해서 제안하는 사람.

▶ 실험 후 얻은 데이터를 실제 제품에 반영하는 데 노력을 기울이는 사람.

## 오뚝이형을 위한 리추얼

▶ DA<sup>Data analytics</sup> – 성장을 위한 레시피 노트를 기록한다. 계속 가설을 세우고 검증한다.

▶ 프로젝트가 완성되면 항상 시연회를 열어 모두의 의견을 수렴한다.

▶ 프로젝트 종료 시 레슨런드<sup>Lesson-learned</sup> 시간을 가져 각자 성장할 수 있는 발판으로 삼는다.

▶ 실패담의 공유 및 격려 – 실패를 격려하는 문화를 만든다.

# 삶의 태도 셀프 진단

## : 당신은 어떤 태도로 인생을 살고 있나요?

**셀프 스타터 진단** 본인이 주도적으로 결정해서 추진하는 일이 전체 의사결정의 몇 퍼센트인가요?

**현재 상태** ✎

**미래 예상** ✎

**와이맨 진단** 문제 해결을 위해 항상 Why에서 출발하나요?

**현재 상태** ✎

**미래 예상** ✎

**러닝맨 진단** 커리어 성장을 위해 하루에 몇 시간이나 투자를 하고 있나요?

**현재 상태** ✏

_____

_____

**미래 예상** ✏

_____

_____


**전문 오지라퍼 진단** 잘 아는 분야만 고집하진 않았나요? 협업하는 분야에
얼마나 관심을 갖고 돕고 있나요?

**현재 상태** ✏

_____

_____

**미래 예상** ✏

_____

_____


**오뚝이 진단** 일상생활에서 새로운 시도를 자주 하는 편인가요? 실패 경험을
꾸준히 쌓고 있나요?

**현재 상태** ✏

_____

_____

**미래 예상** ✏

_____

_____

# 영원히 타오르는 성장 시스템 만들기

**계속 타오르기**
성장 레시피를 시스템화하기

# 작은 거인들을 만든
# 압축 성장 시스템

지난 몇 년간 세계 경제에 가장 많은 영향을 미치고, 가장 빠르게 성장한 기업은 어디까? 아마 경제 뉴스를 많이 접한 사람이라면 'FAANG'이란 단어를 들어본 적이 있을 것이다. FAANG은 미국의 IT 산업을 선도하는 대기업인 페이스북Facebook(2021년 10일 메타Meta로 사명을 변경했다), 아마존Amazon, 애플Apple, 넷플릭스Netflix, 구글Google의 앞 글자를 따와 만든 말이다. 미국의 경제방송인인 CNBC의 짐 크레이머Jim Cramer가 처음으로 애플이 빠진 FANG이란 용어를 사용하기 시작했는데, 주식 시장에서 애플까지 포함한 FAANG으로 변형돼 통용되고 있다.

현재 기술주들이 큰 어려움을 겪고 있긴 하지만 이 다섯 개 기업의 시가총액은 2020년 당시 기준 미국 GDP의 약 13%를 차지할 정도였다. 마이크로소프트가 데이터 기업으로 다시 급성장하면서 넷플릭스 대신 마이크로소프트를 포함한 'FAAMG'이라는 말도 사용된다. FAANG든 FAAMG든 이 기업들의 공통점은 지금의 모습이 믿기지 않을 정도로 굉장히 소박하게 시작했다는 것이다.

하버드대 기숙사에서 시작한 페이스북의 일화는 영화로 만들어졌을 정도로 유명하다. 애플의 스티브 잡스, 구글의 래리 페이지Larry Page, 아마존의 제프 베이조스Jeff Bezos, 마이크로소프트의 빌 게이츠Bill Gates 모두 아이디어 하나만으로 창고나 차고에서 사업을 시작해 전 세계 경제와 인류의 일상을 좌지우지할 정도의 거대한 기업을 키웠다. 그중 페이스북, 아마존, 넷플릭스는 창립한 지 30년도 채 되지 않은 젊은 기업이다. 이 세 회사는 각각 2004년, 1994년, 1997년에 사업을 시작했다.

이처럼 자본력 없이 기술로 시작해 가공할 만큼 빠른 속도로 성장하는 기업을 스타트업이라 부른다. 스타트업과 일반 기업의 가장 큰 차이는 '성장 속도'에 있다. 스타트업은 기술과 서비스에 가능성이 보이면 대규모로 벤처 투자를 끌어와 규모의 경제를 키워나가는 방식으로 기하급수적인 성장을 한다.

그러다 보니 기업의 스타트업 '성장'에 대한 연구와 방법론이 하나의 산업이 될 만큼 엄청나게 커졌다. 특히 단기간에 수많은 유니콘이 탄생한 실리콘밸리에서 스타트업들이 일하는 방식과 조직문화, 마인드셋은 전 세계 스타트업 업계의 룰이 됐다. 하지만 업계 밖으로 나오면 여전히 이런 성장 공식이 생소한 사람들이 더 많다. 나 역시 회사원으로 다닐 때는 이런 점을 알지 못했고, 관심도 없었다.

그러다 창업을 하면서 성공한 스타트업들의 성공 공식이 궁금해졌다. 스타트업은 빠른 성장이 특징이지만 그만큼 빨리 사라지기도 한다. 시장과 투자자는 오래 기다려주지 않고, 넉넉지 않은 자본금은 금세 바닥난다. 그러니 가장 효율적인 압축 성장 방정식을 찾기 위해 필사적으로 뛰어다녀야 한다. 나도 처음에는 책과 블로그, 유튜브 등을 찾아봤으나 매일 실전을 경험하는 입장에서 곧 한계를 느꼈다. 그래서 엑셀러레이터 투자*를 받기로 하고 가장 먼저 앞서 창업한 선배나 엔젤 투자자**등 여러 멘토를 찾아다녔다. 창업 후 거의 1년은 매달 멘토들에게 만남을 청하고 조언을 구했다.

---

●   초기 기업 투자 전문 및 창업 보육을 위한 투자

●●  기술력은 있으나 자금이 부족한 창업 초기 벤처기업에 자금 지원과 경영 지도를 해주는 개인투자자

영원히 타오르는
성장 시스템 만들기

그때마다 처음 듣는 생소한 용어가 많았다. SaaS, 칸반보드, 지라, RCPS… 새롭게 알게 된 IT 용어와 투자 용어가 한두 가지가 아니었다. 처음에는 내가 아무것도 모르는 것 같아 멘토들과 이야기를 나누는 게 너무 창피했다. 자연스럽게 쓰이는 업계 용어들은 내게 낯선 외국어와 마찬가지였다. 안 그래도 가르침을 받는 입장에서 단어를 하나하나 묻는 것은 너무 준비가 안 된 사람처럼 보여서 민망했다. 하지만 결핍의 힘, 페인 포인트가 또 한 번 발휘됐다. 이 업계의 모든 것을 알고 싶다는 욕망은 창피함을 거뜬히 눌렀다. 어떻게든 연결고리를 만들어 연락을 취했고, 기회가 생기면 질문을 주저하지 않았다. 이렇게 몸으로 때우는 무식한 방법으로 업계의 상식을 하나씩 알아갔다. 그리고 이런 무지함에도 불구하고 스타트업에서 통용되는 시스템과 문화를 친절히 알려준 멘토들 덕분에 나는 첫 창업에서 성과를 거둘 수 있었다.

## 스타트업의 압축 성장 시스템을 일상으로 가져오기

'스파크랩'이라는 엑셀러레이터 기관에 입주했을 때다. 이곳의 주선으로 드롭박스, 아마존, 페이스북 등 실리콘밸리의 유명 스타트업 대표와 임원 들을 만난 적이 있다. 어떻게 그렇게 큰 기업으로 성장할 수 있었는지 가까이서 들은 너무나 소중한 경험이었다. 해외 가십으로 나오는 누구와 함께하는 점심 식사 한 끼에 왜 그렇게 어마어마한 고액이 오가는지 이해가 됐다. 가장 큰 무대에서 성공한 사람과 조직에게는 무조건 배울 점이 있다.

그리고 첫 창업 후 3년째가 넘어서면서 나도 어느덧 노하우를 전해주는 입장이 됐다. 그날의 강연이 나의 오늘을 있게 한 소중한 자산과 정보였던 만큼 나만 알고 있기에 아깝다는 생각을 늘 해왔던 터였다. 강연은 내가 수많은 멘토에게서 받은 도움을 조금이나마 갚을 수 있는 기회였다. 그래서 강연 요청이 들어오면 가능한 선에서 최대한 응하고 있다.

예비창업자들은 물론 직장인, 대학생 때론 중고등학생을 대상으로 점점 더 많은 강연을 하면서 '이런 압축 성장 시스템을 꼭 스타트업 업계에만 적용해야 하는 걸까?'라는 의문이 들었다. 일반 기업이나 조직, 혹은 개인의 삶에 연계한다면 어떤 일이 벌어질까?

앞서 이야기한 FAANG, 네이버, 카카오가 사용하는 성공적인 시스템과 프로세스는 IT 스타트업 업계에서는 이미 정착돼 더 큰 성과로 이어지고 있다. 이러한 검증받은 프로세스를 창업에만 적용하는 게 아쉬웠다. 직장인들이 커리어를 발전시키는 과정, 일반인들의 일상생활 전반에도 적용할 여지가 충분하다는 생각이 들었다. 물론 스타트업의 모든 성장 템플릿을 개인에게 그대로 대입할 순 없다. 하지만 이번 장에서는 거창한 인프라나 환경에 대한 이야기를 하지 않는다. 다만, 내가 스타트업을 하면서 배운 압축 성장 공식과 가치관을 개인의 삶에 접목한 스타트업식 마인드셋, 일을 대하는 관점, 빠른 성장을 위한 최적화 환경 설정 방식을 설명할 것이다.

이 글을 읽는 우리 모두는 하나의 스타트업이다. 지금 내가 소개하는 공식을 각자가 정한 비전과 목표를 향해 빠르게 성장하기 위한 방법으로 삼길 바란다. 앞으로 소개할 이야기들은 복잡한 인생 과제를 해결하는 하나의 프로세스라고 생각하면 큰 도움이 될 것이다.

## 복잡한 인생 과제를 해결하는 단 하나의 프로세스

스타트업 업계에는 기본적으로 통용되는 성장 프로세스가 있다. 이는 아이디어 개발에서 런칭, 이후 지속적으로 사업을 운영하기까지 모든 진행 과정을 포괄한다. 바로 스타트업 기업 IMVU를 공동 창업한 에릭 리스Eric Ries가 2011년에 그의 저서《린 스타트업》에

이 글을 읽는 우리 모두는
하나의 스타트업이다.
각자가 정한 비전과 목표를 향해
빠르게 성장하기 위한 방법으로 삼길 바란다.

서 소개한 린 스타트업Lean Startup이다. 다른 많은 스타트업 기업과 마찬가지로 이 간단한 프로세스가 첫 스타트업의 압축 성장, 그리고 나라는 개인의 압축 성장을 이끄는 데 큰 역할을 했다.

린 프로세스는 매우 간단하다. 한마디로 시간과 재화의 낭비를 줄이는 것이 목적이다. 어떤 아이디어가 처음 도출되었을 때, 전통적인 기업이라면 아이디어를 검토하는 데 많은 투자를 한다. 리서치를 포함한 전문 컨설팅을 받고, 아이디어를 컨펌하는 과정에만 수개월이 걸리기도 한다. 하지만 스타트업은 그럴 수 없다. 무엇보다 트렌드 변화에 최적화되어 있어야 한다. 대기업에서 큰 비용을 들여 컨설팅 및 마켓 리서치 전문가들에 의해 검증한 아이디어라 해도 아이디어가 실제로 시장에서 먹힐지는 절대 알 수 없다. 게다가 완성된 제품을 시장에 내보내기 위해 아이디어를 구체화하는 데 많은 시간을 들이는 방식은 실패할 확률이 높다.

스타트업에서 성공 또는 실패 여부는 모조리 데이터만으로 결론 난다. 아이디어를 최소 단위로 재빠르게 개발해 시장에 런칭한 후, 소비자의 반응을 데이터로 분석해 결괏값이 나오면 다음 단계를 결정하게 된다. 제품의 기능을 개선할지 아니면 새로운 기능을 선보일지 고민한 후 작은 단위의 기능을 추가 개발한다. 시장이 원하는 방향으로 발전시키는 것이다. 그리고 다시 런칭, 데이터 분

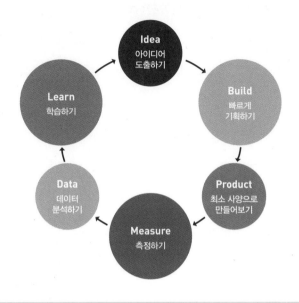

린 스타트업 (에릭 리스, 2011)

- Idea 아이디어 도출하기
- Build 빠르게 기획하기
- Product 최소 사양으로 만들어보기
- Measure 측정하기
- Data 데이터 분석하기
- Learn 학습하기

석을 진행한다. 이 작업이 무한 반복된다. 이 과정을 거치면서 시장과 소비자에 대해 학습하게 된다. 아이디어가 도출될 때마다 이 순환을 빠르게 반복한다.

놀랍게도 이 간단한 프로세스가 실제로 수많은 스타트업의 성장을 견인했다. 내가 회사원 시절 겪었던 실패들은 이러한 루틴이 허용되지 않았기 때문에 벌어진 참사이기도 했다. 하나의 아이디어가 시장에서 고객과 만나기까지 수많은 의사결정자를 거치며

'다시' '또다시' 컨펌을 받아야 했고, 개발 과정에서도 모든 설계서가 내부 결제를 위해 꼼꼼하고 완벽하게 작성되어야만 했다. 결국 매우 완성도가 높은 상태로 서비스를 선보였지만 태생적인 한계가 있었다. 이렇게 완성품을 내놓고 나면 고객들의 반응에 따라 유연하게 방향을 틀거나 수정하는 일은 거의 불가능했다.

회사를 운영하면서 가장 주의를 기울였던 부분이 바로 린 프로세스 같은 효율적인 프로세스를 갖추고, 유지하는 일이었다. 우리는 최소한의 개발 기간을 거쳐 프로그램을 세상에 내놓고, 고객의 목소리와 시장의 성과를 모니터링한 후 이를 토대로 추가 개발을 이어갔다. 매일 우리의 실수를 인정하면서 계속해서 업데이트해나갔다.

이러한 린 프로세스는 IT 업계에만 적용되지 않는다. 특히 코로나19와 같이 우리가 전혀 예측할 수 없는 환경적인 재앙이 닥치고, 하루가 다르게 변화하는 트렌드 앞에서 불안한 미래를 맞닥뜨린 요즘에는 더욱 그렇다.

이 프로세스의 핵심은 세 가지다.

- 첫째, 큰 범위의 개발 투자가 아닌 최소 기능 제품(MVP Minimum Viable Product)을 개발할 것

- 둘째, 목표와 지표를 구체화하고, 데이터를 측정해 학습할 것
- 셋째, 이 사이클을 최대한 빠르게 많이 반복할 수 있는 환경을 만들 것

첫 번째 요소인 MVP는 제품 개발이 아닌 다른 분야에 적용할 때는 MVI, 즉 Minimum Valuable Investment(최소 가치 투자)로 설정해본다. 예를 들어, 1억 원을 들여 옷가게를 차릴 계획이라면 먼저 1천만 원을 투자해 온라인 쇼핑몰을 시도해보는 식이다. 이때 자신이 생각한 몰의 콘셉트를 적용하고 시장 반응을 테스트해볼 수 있다. 1천만 원보다 더 적은 단위의 투자, 100만 원 정도는 어떨까? 불가능한 이야기 같지만 온라인에는 Wix, 아임웹, Weebly, Shopify, Cafe24 등 간단한 기술로 온라인 쇼핑몰을 열 수 있는 소호몰 시스템이 많다.

핵심은 손실을 보더라도 타격이 적은 금액으로 시도해야 한다는 점이다. 그러다 보면 실패하더라도 10~100회까지 반복해서 도전할 수 있다. 물론 오프라인 사업과 온라인 사업의 스케일이나 접근이 다르겠지만 시장 반응을 파악하는 최소한의 기준, 즉 가치 있는 결과를 도출하고 판단하기에 좋다.

## 인생은 한 방이 아니다

커리어에 변화를 꾀하고 싶은 직장인이라면 어떨까? 무작정 퇴사부터 하기 전에 사이드 프로젝트 등을 경험하며 내가 다른 분야에 맞는지 테스트하는 것도 방법이다. 자신의 결핍을 기반으로 기회를 포착했다면 이것을 시장에 선보이기 위한 MVI가 무엇인지 먼저 정의해야 한다. 구글 최초의 엔지니어링 디렉터이자 혁신 전문가인 알베르토 사보이아 Alberto Savoia가 수년간 강연해온 방법도 이와 유사하다. 그는 스탠퍼드대학교에서 탁월한 아이디어를 설계하는 최적의 방법에 대해 강연해왔다. 2020년 출간한《아이디어 불패의 법칙》에서 그는 MVI와 유사한 전략을 제안한다. 자신의 성공과 실패 경험, 30년 넘게 실리콘밸리 유수의 기업들의 흥망성쇠를 지켜보며 발견한 '될 만한 놈'을 찾는 핵심 전략으로 '프리토타입 Pretotype' 기법을 설명한 것이다.

프리토타입이란 가짜를 뜻하는 'pretend'와 시제품을 뜻하는 'prototype'의 합성어다. 즉, '실제 제품과 유사하게 가장 낮은 비용으로 제품을 만들어 시장에 테스트'하는 방법론을 의미한다.

사보이아도 계획을 오랫동안 체계적으로 세우기보다, 빠르게 실행하는 것을 강조한다. 그는 머릿속 생각과 계획을 '생각랜드 Thoughtland'라고 표현한다. 이 추상적 공간에서 일어나는 일만으로는 성패를 판단할 수 없다. 다른 사람의 의견도 도움이 안 되기는 마찬가지다. 생각과 의견은 데이터가 아니다. 그러니 무슨 일이든 '생각랜드' 바깥으로 아이디어를 꺼내 와 현실 시나리오에 놓고 진짜 테스트를 해야 한다. 빠르게 변하는 세상에서 시장 테스트는 무엇보다 강력한 무기다.

그가 진행하는 프리토타이핑은 시간이 오래 걸리지 않는다. 스탠퍼드대학교의 혁신 워크숍에서는 학생들이 단 두 시간 안에 아이디어를 프리토타이핑하고 시장 데이터를 모으는 것을 과제로 진행한다. 프리토타이핑의 핵심은 시장이 '바로 그 시점에' 해당 아이디어에 관심이 있는지 알아보는 데 있다. 그래서 그는 늘 "신중하게 테스트하고, 빠르게 행동하세요."라고 말한다.

## 도전의 최소 비용을 정하라

이번에는 제품 개발 외의 분야에서 린 스타트업을 적용하는 방법을 이야기하려고 한다. 당신이 마케팅 부서에서 근무한다고 가정해보자. 내가 회사에 다니던 때에는 콘셉트 발굴을 위해 몇천만 원대의 비용을 지불하고 컨설팅을 의뢰했다. 반면 스타트업에서는 몇 가지 버전의 광고를 만들어 소액의 광고료를 집행해 페이스북이나 구글에 게시하고 어떤 콘셉트가 타깃 사용자에게 어필하는지 테스트한다. 최소 몇만 원 단위에서부터 광고 겸 테스트가 가능하다. 어느 콘셉트가 더 잘 먹히는지 예단하거나 감으로 접근할 필요 없이 적은 비용으로 빠르게 실험해볼 수 있는 환경이 이미 조성되어 있다. 광고의 클릭률이나 구매 전환율이 추적되니 결과를 실시간으로 확인할 수 있다는 장점도 있다.

전통적인 업종 중 하나인 출판은 어떠한가? 글을 쓰고 싶다면 먼저 브런치나 미디엄 등 셀프 퍼블리싱 이전 단계의 블로그를 활용해보자. 열람과 공유 등 통계치가 한눈에 보여 어떤 글이 독자들에게 어필하는지 바로 알 수 있다. 팔리는 글을 목적으로 한다면 독자의 반응을 미리 검증해보는 것이 혼자 옥고를 완성해 세상에 내놓는 것보다 훨씬 합리적인 방법이다.

그렇다면 인생이나 커리어 선택에도 린 스타트업을 적용할 수 있을까? 대학에서 배우는 학문과 현업에서 요구되는 역량 사이에는 매우 큰 차이가 존재한다. 뿐만 아니라 대학 시절에 원했던 일에 대한 상상과 실상은 매우 다를 확률이 크다.

실리콘밸리에는 '데이터 분석가Data Analyst'라는 직업이 있다. 언론에서는 '실리콘밸리에서 가장 섹시한 일' '평균 연봉 억대의 꿈의 직업'이라고 표현하지만, 환상만을 품고 일을 시작하면 그리 녹록지 않을 수 있다. 비정형 데이터를 분서이 가능한 수준으로 만들기 위해서는 엄청난 노동이 필요하고, 분석 결과를 바탕으로 진행한 실험이 실패로 돌아가는 일 역시 다반사다. 직업에 대한 환상만 보고 찾아온 대학생들에게는 이런 지루한 과정이 넘지 못할 허들이 될 수도 있다.

그러니 특정한 직업이나 진로를 정해놓기보다 가능성을 열어두고 다양한 기회를 경험해보자. 특히 인턴 제도를 활용하면 좋다. 최근에는 대학교 3학년 학생들도 인턴으로 채용하는 회사가 많아졌다. 물론 졸업 후 인턴으로 경험한 업무와 다른 직무를 선택한다면 커리어에 큰 도움은 되지 않을 수 있지만 원하는 업무를 소박하게나마 경험해본다면 이후 자신에게 맞는 선택을 위한 투자로 남을 것이다.

그 외에도 인생을 살아가면서 무수히 마주하는 결정 과정에 린 스타트업 프로세스를 대입할 수 있다. 작은 투자 단위를 만들고, 실행하고, 결과를 분석하고, 다시 작은 투자 단위를 만들고, 실행한다는 원리를 응용하면 된다. 이 사이클에서 얻을 수 있는 가장 큰 교훈은, 결과가 실패로 돌아가더라도 반복하는 과정만으로 가치 판단에 도움이 된다는 점이다. 실험 과정 자체가 나의 비전을 실행하기 위한 학습 과정이기 때문이다.

세계 최대 헤지펀드인 브리지워터 어소시에이츠의 창립자 레이 달리오<sup>Ray Dalio</sup>는 그의 저서 《원칙》에서 부와 성공을 이루는 토대가 되었던 삶의 원칙에 대해 말한다. 핵심은 인생 전체를 학습의 과정으로 보는 것이다. 인생이란 실패를 통한 배움, 그리고 향상이라는 학습의 고리를 끊임없이 이어가는 것이라며 "실수는 허용하되 실수로부터 배우지 않는 것은 용납하지 말라."는 말을 남겼다.

린 스타트업의 프로세스는 여러 전설적인 기업가들의 사례를 연구해서 만든 만큼 아주 새로운 방법론은 아니다. 과거에도 다른 식의 비슷한 성공 공식이 존재했다. 앞서 예로 들은 인턴 경험이나 구글 플랫폼 광고처럼 린 스타트업은 우리 일상 곳곳에 자리한다. 다만, 접목할 생각을 하지 못했을 뿐이다. 이 프로세스를 인생의 방법론으로 삼아 지금 내 앞에 놓인 도전에서 MVI는 무엇이고, 그 과제를 해결해가는 데 가장 효율적인 실험들은 무엇인지 구상해보는 기회가 되었으면 한다.

## 스타트업에서
## 목표를 설정하는 방법

린 스타트업 프로세스를 참고해 본인의 아이디어를 최소한이라도 구현하는 방식을 살펴봤다면, 다음으로 목표를 구체화하고 지표를 설정하는 방법을 이해할 차례다. 우선 스타트업 생태계에 큰 영향을 끼치는 'OKR<sup>Objectives & Key Results</sup>' 프레임워크를 소개하려 한다. OKR 프레임워크는 목표를 설정하는 데 도움을 주는 툴이다. 앞서 2장에서 설명한 큰 그림을 구체화하고, 현실적으로 해결할 때 유용한 도구다. 국내에서도 구글이 사용한 목표 수립 및 성과 측정 방식으로 유명해졌으며, 2019년에 출간된 존 도어<sup>John Doerr</sup>의 저서 《OKR》은 국내 스타트업 업계에서 교과서처럼 읽히고 있다.

OKR에서 가장 먼저 해야 할 일은 목표<sup>Objective</sup>를 단 한 줄로 정의하는 것이다. 나를 가슴 뛰게 하고, 도전적인 사람으로 만드는 목표 말이다. 여기에서 주의할 것은 과업과 목표의 구분이다. 내 앞에 놓인 해야 할 일은 과업이지만 목표는 나의 비전을 구체화하는 가치 지향적인 일이다. 예를 들어, 올해의 비전을 '글로 사람들의 인생에 큰 영향을 주는 사람 되기'로 설정했다고 해보자. 그리고 이어지는 목표를 '올해 사람들에게 큰 감동을 주는 에세이 쓰기'로 정했다고 가정하자.

의미 있는 결과를 얻으려면 다음과 같은 일을 해야 할 것이다. 먼저 수준 높은 글을 쓰기 위해서는 많이 써봐야 한다. 자신을 작가로서 정련하기 위해서는 쓰고 또 쓰는 것만 한 방법이 없다. 그리고 시대적 흐름을 놓치지 않는 트렌디한 글을 쓰려면 자료도 많이 모아야 한다. 작가로서 인기를 얻으려면? SNS나 블로그를 활용해 스스로 독자를 모으기 위해 노력해보는 것도 좋겠다.

핵심결과Key Results를 얻기 위해 아래와 같은 설정이 가능하다. 이때 핵심결과에는 성과 측정이 가능한 지표가 포함되어야 한다.

> **예시  목표: 올해 사람들에게 큰 감동을 주는 에세이 쓰기**
>
> 핵심결과 1: (글쓰기 기술 향상을 위해) 매일 새로운 주제로 A4 한 장 분량, 총 365개의 글을 완성한다.
>
> 핵심결과 2: (독자 확보를 위해) 연내 블로그 구독자 만 명 이상을 모은다.
>
> 핵심결과 3: (좋은 글감 확보를 위해) 연내 관련 도서를 100권 완독하고 책에서 채집한 글감을 모은다.

OKR이 기존 방법론과 다른 점은 핵심결과를 얻기 위해 추상적이거나 주관적인 행동이 아니라 명확한 기준이 있어야 한다는 점이다. 이를 '핵심지표'라고 할 수 있다. 만약 올해의 목표가 다이어트라면 어떨까? 아마도 아래와 같은 목표와 세부 실행안을 작성해볼 수 있을 것이다.

**예시　목표: 1년 동안 체중을 7kg 감량**

세부 실행안 1: 헬스클럽에 등록해 주 2회 운동

세부 실행안 2: 식단 일기 쓰기


여기에서 세부 실행안과 핵심결과는 다소 다른 지표다. 핵심 결과를 안정적으로 도출하기 위해서는 세부 행동과 실행안을 결과 지향적으로 작성하는 것이 바람직하다. 그리고 목표에는 분명한 지향점을 포함하는 것이 좋다. 기존에 목표를 구체화하는 과정과 다르게 OKR 프레임워크에서는 아래와 같이 설정하는 것이 바람직하다.


**예시　목표: 업무 지속성 강화를 위해 6개월간 체중 감량 및 근력 증진**

핵심결과 1: 인바디 측정 시 근육량 20%를 달성한다.

핵심결과 2: 1년 전에 샀던 허리 25사이즈 바지를 입는다.

핵심결과 3: 병가를 전년 6개월 대비 3분의 1 적게 낸다.


이렇게 바꾸면 자연스럽게 변화되는 것들이 있다. 근육량 20%라는 결과를 얻기 위해 세부 실행안에 '헬스장 주 2회'와 같

## 빅크팀 OKR

**Objective**

크리에이터 IP의 수익화를 극대화한다

**Key Results**

1. 크리에이터의 평균 수익률이 높도록
2. 더 많은 창작자가 경험하도록

### 크리에이터 팀 (No. of Creators)

**Objective**

올해까지 N명의 크리에이터 확보

**Key Results**

1. 대표급 레퍼런스 N개 만들기
2. B2B 제휴 세일즈 N곳 확대
3. 일반 크리에이터 가입 시스템 개선

### 마케팅 팀 (Monetization)

**Objective**

크리에이터 티어별 평균 수익을 높인다

**Key Results**

1. 빅크 플랫폼 브랜드 마케팅 게시
2. 창작자 이벤트 티켓 채널 N개 확장
3. 커뮤니티 바이럴 시스템 세팅

---

은 구체적 계획들을 넣어 시도할 수 있다. 또한 그 과정에서 결과를 조금 더 구체적으로 상상하게 되어 동기부여가 높아진다. 해당 OKR에서 결과를 나타내는 지표는 인바디 근육량, 입을 수 있게 된 옷 사이즈, 병가 개수다. 이렇게 측정 가능한 지표를 구체화하면 성과를 더욱 뚜렷하게 관리할 수 있다.

만약 당신이 리더라면, 우리 팀 또는 회사에 OKR을 어떻게 적용할 수 있을까? 사업의 목표와 핵심결과는 피라미드식으로 각 부서에 전달되고, 전사의 전략이 부서마다 고루 정렬된다. 전체 사업 목표와 세부 사업 목표를 이루기 위한 핵심결과는 각 부서의 목표가 되어 한 번 더 세부적인 핵심결과를 도출해낸다. 또 각 부서의 목표와 핵심결과는 다시 개인의 목표로 나눠진다.

OKR 프레임워크는 조직의 목표와 성과 측정을 위해 발명되었지만, 개인의 목표를 달성하기 위한 프레임워크로 충분히 활용할 수 있다. 활용도를 높이기 위해서는 주기적으로 목표와 핵심결과를 점검하고 피드백해야 한다. OKR은 성과 달성 추진력을 높여주는 툴로써, 나 또한 적극적으로 활용하고 있다. 직접 작성하고 프레임워크를 실행하는 순간부터 목표에 대한 몰입도와 동기부여가 굉장히 높아지는 만큼 반드시 일상생활에 적용하길 추천한다.

# 모든 것을 좌우하는
# 절대 지표를 찾아라

구체화된 목표를 수립했다면, 이제 실행이다. 린 스타트업과 같은 반복적인 실험이 목표를 향해 나아가는 데 도움을 줄 것이다. 이때 이 실험이 성공적인지 알 수 있는 단 하나의 지표를 꼽으라면 'OMTM One Metrics That Matters'을 들 수 있다. 이것은 스타트업에서의 성패를 좌우하는 가장 중요한 지표다. 페이스북은 초창기에 '10일 내로 일곱 명의 친구 만들기'에 성공한 유저는 이후에도 페이스북 서비스를 장기간 적극적으로 활용할 확률이 높아진다는 것을 알아 냈다.

물론 이것 말고도 유저의 페이스북 체류 시간을 늘리는 데 도움을 주는 많은 요인이 있었다. 하지만 자원이 한정된 스타트업은 하나의 핵심지표에 집중할 수밖에 없다. 자원을 집중적으로 투여해야 성과를 더욱 높일 수 있기 때문이다. 여러 가지 데이터를 분석해 그중 가장 주요하다고 판단되는 하나의 지표로 일곱 명의 친구를 정한 것이다. 이후 페이스북은 이 지표에 집중한 덕분에 빠른 고속 성장을 이룰 수 있었다.

이러한 핵심지표를 스타트업 업계에서는 '북극성 지표 North Star Metric'라고 한다. 이 말은 션 엘리스 Sean Ellis와 모건 브라운 Morgan Brown 의 저서 《진화된 마케팅 그로스 해킹》에서 처음 등장했는데. 길 잃은 사람이 북극성을 보며 길을 찾듯, 스타트업 업계에서도 북극성은 절대 지표로 사용된다. 당신이 아무것도 보이지 않는 칠흑같이 어두운 밤에 항해하는 선장이라고 생각해보자. 어떻게 해야 할까?

이럴 때는 방향을 알려주는 북극성을 쫓아 목적지에 다다라야 한다. 이렇게 앞길을 예측하기도, 통제하기도 어려운 상황에서 집중할 수 있도록 도와주는 가장 중요한 기준이 바로 북극성 지표다.

튜터링 서비스를 런칭할 당시, 나는 고객이 앱을 열자마자 30초 만에 튜터를 만나게 한다는 계획을 세웠다. 짧은 시간 안에 연결돼야 더 많은 사람이 무료 체험이라도 할 수 있을 것이라고 생각했다. 초창기에는 서비스에 자신이 있었기 때문에 무료 체험을 한다면 높은 확률로 유료 회원이 될 거라는 계산으로 앱만 설치해도 무료 체험 쿠폰을 나눠줬다. 이 가설을 검증하기 위해 여러 테스트를 시도했다. 상시 대기 중인 튜터를 메인 화면에 보여주기도 하고, 화면의 구성과 디자인, 메시지도 바꿔보았지만 유저들의 반응은 그대로였다. 오직 10% 수준의 유저들만이 서비스를 실제로 체험했고, 나머지는 그냥 구경만 하다가 다시 돌아오지 않았다.

## 공짜는 매력이 없다

우리는 왜 무료 체험 확률을 높이려고 했을까? 튜터링을 사용하는 유저들의 특징에 이유가 있었다. 무료 체험을 한 경우 구매 전환 비율이 상당히 높았지만, 무료 체험 단계까지 유입되는 유저의 수가 굉장히 적었다. 실제로 쿠폰이 사용되는 비율 역시 10%대로 무척 낮았다. 그러니 서비스를 단 한 번만이라도 체험하게 하는 것이 무엇보다 중요한 과제였다. 여러 분석 끝에 우리는 무료 체험률을 일정 수준 이상으로 높이는 것을 북극성 지표로 설정하고 에너지를 집중했다.

이후 이 고민을 한 멘토에게 털어놓았다가 '희소성의 원리'라는 개념에 대해 듣게 되었다. 쿠폰을 영구히 사용할 수 있다면 나중에 써야겠다는 생각에 바로 사용하지 않고 미루게 되고, 그후에는 필요성이 사라져버린다는 이야기였다. 우리는 이 법칙을 무료 쿠폰에 적용하는 실험을 했다. 쿠폰을 받을 때 타이머 이미지를 넣어서 12시간 후에 소멸된다는 점을 부각했다. 놀랍게도 이 시도 덕분에 타이머를 달지 않았을 때보다 무료 체험하는, 즉 잠재적인 고객 확보율을 두 배 이상으로 끌어올렸다. 실험에 성공한 것이다.

이쯤에서 잠시 선행지표와 후행지표라는 개념을 알아가자. 선행지표는 미래의 결과를 예측할 수 있는 지표이고, 후행지표는 무언가 사건이 일어난 뒤에 파악할 수 있게 해주는 지표다. 쉽게 말해 선행지표가 원인, 후행지표가 결과인 셈이다. 우리의 선행지표는 무료 체험률, 후행지표는 매출 결과였다. 무료 체험률을 높이자 자연스럽게 매출이 증대되었다. 이 선행지표를 개선하는 데 수많은 시도가 필요했다. 만약 우리가 선행지표와 후행지표를 정하지 않았더라면 어땠을까? 해보고 싶은 모든 시도를 해봤다면? 그랬다면 비용만 낭비한 채 지금의 압축 성장은 불가능했을 것이다.

일상에서 어떻게 활용 가능한지 이 개념을 확장해서 살펴보자. 회사 일과 육아, 강연 등으로 시간에 쫓기게 되자 운동할 시간이 부족해졌다. 그러다 보니 늘 지치고 힘이 없어서 퇴근할 때마다 거의 택시에 눕다시피 해서 집으로 갔다. 그래서 틈틈이 체력을 키우자는 목표를 세웠다. 우선 13층에 있는 사무실까지 계단으로 걸어 올라가 보기로 했다. 이 목표를 세운 다음부터 나는 의식적으로 엘리베이터를 타지 않으려고 노력했다. 그러자 서서히 변화가 생겼다. 하루에 한 번도 걸어 올라가지 못한 날과 하루에 두 번 걸어 올라간 날은 퇴근할 때쯤 분명하게 차이가 났다. 극단적으로 다른 몸 상태를 체감했기에 더욱 계단 오르기에 집중했다. 그러고는 하루에 계단을 15분 이상 오르자고 다짐했다. 목표 달성을 위해 내가 설정한 선행지표가 바로 계단을 오르는 시간이었다. 이렇게 선행지표와 후행지표를 설정하고, 또 분석하는 과정을 되풀이함으로써 더 나은 의사결정을 내리는 이 시스템이 우리 생활에 수많은 변화를 만들 수 있다고 생각한다.

만약 다이어트가 목표라면, OMTM을 이렇게 적용해볼 수 있을 것이다. 일단 '살을 빼자'라는 다짐만으로는 안 된다. 몇 킬로그램을 감량할 것인지 목표를 정하면 될 것 같지만 이 또한 피상적인 목표일 수 있다. 그렇다면? 우선 선행지표를 설정해야 한다. 후행지표인 '몸무게 감량'을 위해 무엇을 선행지표로 삼을 것인지 고민해야 한다. 예를 들어, '식사 중 채소의 비중을 50% 이상 늘릴 것'이라고 선행지표를 설정한다고 치자. 이때의 가설은 '식사량에서 채소의 비중을 늘리면 살이 빠진다'가 된다. 선행지표를 충실히 이행한다면, 후행지표로는 몸무게 감량과 더불어 채소를 즐겨 먹는 식습관으로 인해 다른 건강 지수들이 안정화될 것이다.

목표를 이루는 첫 단추는 핵심결과를 만들어내는 단 하나의 선행지표를 찾는 것으로 시작해야 한다. 북극성 지표 말이다. 이를 기반으로 변화를 일으킬 수 있는 시도를 해보자. 그 과정에서 실패와 실수가 반복되겠지만, 이 결과들이 학습으로 축적되면 목표를 더 빨리 이룰 수 있게 될 것이다.

## 시간은 없고 할 일은 많다는 사람을 위한 처방

우리는 왜 항상 시간에 쫓기며 여유 없이 산다고 느낄까? 왜 내가 가진 한정된 시간과 자원보다 할 일이 넘쳐난다고 생각할까? 이런 사람들을 위한 시간과 일 관리에 대한 유명한 일화가 있다. 1918년 당시 미국 조선업 1위였던 베들레헴 철강사의 사장 찰스 슈와브Charles Schwab의 이야기다. 직원들의 생산성을 높이는 데 관심이 많았던 그는 경영 컨설턴트인 아이비 리Ivy Lee에게 직원들의 생산성을 높일 수 있는 방법에 대해 자문을 구했다. 그는 경영진과 15분 동안 이야기할 시간을 요청했고, 컨설팅 비용은 3개월 뒤 성과에 따라 자유롭게 달라고 제안했다. 그로부터 3개월 뒤, 슈와브는 그에게 2만 5천 달러짜리 수표를 보냈다. 현재 가치로는 한화 약 4억 원에 달하는 큰돈이었다. 대체 15분 동안 어떤 컨설팅을 했기에 리는 그런 막대한 보수를 받았을까?

그의 처방은 매우 간단했다. 할 일 목록을 정리하고, 중요도에 따라 순서를 매긴다. 그리고 매일 목록을 다시 정리하고, 가장 중요한 일이 끝나기 전까지 다음 일을 하지 않는다는 원칙이었다. 이후 이 일화를 들은 슈와브의 친구는 왜 그렇게 큰돈을 지불했는지 그에게 물었다. 슈와브는 이렇게 말했다. 그 간단한 아이디어를 실천한 후부터 직원들의 성과가 눈에 띄게 좋아졌고, 아이비 리에게 지불한 돈이 그해 베들레헴사가 투자한 것 중 가장 가치 있는 지출이었다고. 업무 목록 정리와 우선순위화의 중요성에 관한 전설적인 일화다.

이 훈훈한 스토리가 1910년도 철강회사의 이야기라면, 2022년 현재 IT 스타트업에서 업무의 효율성을 높이는 가장 유용한 시스템은 무엇일까? 여러 가지가 있겠지만, 내가 만약 아이비 리라면 '칸반Kanban'을 추천하겠다. 이는 각자의 시간을 가장 효율화하는 도구로, 다음과 같이 정의된다.

> 전문 서비스, 창의성이 필요한 노력, 물리적 또는 소프트웨어 제품 설계 등과 같이 지식 업무Knowledge Work를 제공하는 서비스들을 정의하고, 관리하고, 개선하는 방법이다.
>
> _《에센셜 칸반 요약 가이드》 중에서

여기에서 파생된 칸반보드Kanban Board는 한 단계 더 나아가 '일의 흐름'을 시각화하는 간단한 템플릿이다. 무형의 소프트웨어를 만들기 위해서는 수많은 업무를 동시에 처리해야 하는데, 이럴 때 칸반보드가 유용하게 쓰인다. 이것은 블랙박스와 같이 베일에 싸인 다양한 작업을 정리하게 해주고, 한편으로는 공동으로 작업하는 사람들이 서로의 업무 흐름을 확인해 원활한 커뮤니케이션을 하도록 만들어주는 현황판이기도 하다. 칸반보드를 작성하는 방법

| 빅크의 칸반보드 | |
| --- | --- |
| **To Do**<br>• 뮤지션, 작가, 크리에이터를 위한 제안서 쓰기<br>• 구독 모델 결제 모듈 개발하기 | **In Progress**<br>• 작가 전용 브랜드 홈 테마 개발<br>• 크리에이터 굿즈 커머스 결제 개발 |
| **Testing**<br>• 작가 전용 브랜드 홈페이지 타깃 유저 테스트 | **Done**<br>• OOO 작가 브랜드 페이지 제안 완료 |

은 간단한다. 다음 표와 같이 '할 일 목록(To Do)' '진행 중인 일(In Progress)' '테스트 중인 일(Testing)' '끝낸 일(Done)'로 나눠진 표 안을 채우면 된다. 가장 처음에는 포스트잇에 간단한 메모를 써서 붙이는 걸로 시작한다.

칸반보드에 내가 해야 하는 일 목록을 정리해보자. 그리고 목록을 우선순위에 맞게 다시 정렬해보자. 준비 중인 시험, 업무, 공부, 사이드 프로젝트 등 모든 일에 무리 없이 적용이 가능하다. 여기서 가장 중요한 포인트는 머릿속에 맴도는 과중한 일을 정리하고, 일의 수를 제한하는 것이다. 우선순위에 맞춰 한 번에 한 가지 일에 집중하고, 끝난 일은 'Done' 보드에 옮긴다. 'Done' 칸이 쌓여갈 때의 성취감은 자신감으로 이어진다. 또 늘 시간이 부족했다고 판단한다면 각 업무별로 'To Do'에서 'Done'까지 옮길 때 시간이 얼마나 소요되었는지 간단하게 기록해도 좋다. 각 과업별로 들어간 시간을 기록하면, 하루에 일을 얼마나 소화할 수 있는지 확인해 계획적으로 업무를 설계할 수 있다. 칸반보드를 사용할 때는 할 일 목록(To Do)과 하고 있는 일(In Progress) 목록을 반드시 제한해 실수하지 않도록 주의하자.

칸반보드는 여러 사람이 함께하는 협업 프로젝트에서 더욱 효과적으로 활용된다. 이럴 때는 '트렐로Trello', '노션Notion' 등의 생산성 앱을 사용하는 것을 추천한다. 각자의 프로젝트, 업무 현황을 칸반보드로 따로 운영하고, 공동 작업하는 칸반보드는 같이 접속해 기록하는 식이다.

이 툴은 협업에서 발생할 수 있는 과부하도 막아줄 수 있다. 협업을 하다 보면 한두 명의 소수에게 업무가 과도하게 몰리는 경우가 있는데, 이렇게 모두가 한눈에 업무의 흐름을 볼 수 있으면 이런 상황을 미연에 방지할 수 있다. 적절한 업무 분배는 전체 업무 속도를 높여준다.

# 나만의
# 성공 레시피 노트 쓰기

대중적으로 크게 성공한 아티스트들이 공통적으로 하는 이야기가 있다. '절대 질이 양을 앞서진 않는다.' 높은 위치에 오르고 많은 사랑을 받기까지 무수한 시도와 노력이 있었다는 말이다. 최소 단위의 투자인 MVI를 실행하고 결과에 따라 학습했다면, 이제는 이 사이클을 최대한 빠르게 많이 반복할 수 있는 환경을 만들어야 한다.

압축 성장을 위해서는 무엇보다 무수히 시도하고 실패하면서 데이터를 축적해야 한다. 그리고 이 모든 과정을 러닝 프로세스의 일부로 받아들이는 마인드셋을 갖추는 게 핵심이다. 이때 시도해본 실험 과정과 결과를 기록해두고, 개선 사항을 업데이트하면서 관리하는 작업이 중요한데, 나는 이것을 '성공 레시피 노트'에 적어둔다. 작은 팀이라도 조직을 운영 중이라면, 업무를 분담하고 역할을 정해 과정과 결과를 모아둘 공간이 필요하다. 여러 명이 함께하는 과업은 자유롭게 접근과 편집이 가능한 위키 방식이 좋은데, 이러한 아카이빙을 위해서는 '노션', '컨플루언스 Confluence', '구글 슈츠 Suits' 등 다양한 툴 중 하나를 활용하는 것을 권한다. 클라우드 형태로 아이디어를 바로바로 저장할 수 있어 히스토리 관리가 용이하기 때문이다.

우리 회사에서는 노션에 '성장 레시피 노트'라는 제목의 웹페이지를 운영했었다. 서비스를 런칭한 후, 큰 단위의 개발에 앞서 그룹을 두 개로 나누어 진행하는 이른바 A/B 테스트를 무수히 시행했다. 그중 무료 체험률을 높이기 위해 고심했던 사례를 다시 꺼내 보자.

당시 우리가 선정한 중요 선행지표는 무료 체험률이었다. 무료 쿠폰 사용 시간을 제한하면 체험률이 올라갈 것이라는 가설을 세워두고 실험을 진행했다. 우선 서비스를 처음 경험하는 신규 유저를 다섯 개 그룹으로 나누었다. A그룹에게는 무료 체험 쿠폰을 시간 제한 없이 제공하고, B그룹은 6시간, C그룹은 12시간, D그룹은 24시간, E그룹은 48시간의 제한을 두고 운영했다. 실제로는 영구히 사용 가능하지만, 눈에 보이는 인터페이스에 타이머를 붙였을 뿐이었다. 결과는 놀라웠다. 가장 성과가 좋은 그룹은 C그룹으로,

압축 성장을 위해서는
무엇보다 무수히 시도하고 실패하면서
데이터를 축적해야 한다.
그리고 이 모든 과정을 받아들이는
마인드셋을 갖추는 게 핵심이다.

성과가 가장 낮은 그룹과 무려 약 40%의 차이를 보였다.

만약 실험을 하지 않았다면 어땠을까? 그랬다면 극적인 전환율 향상과 그에 따른 매출 향상은 기대하기 어려웠을 것이다. 혹은 선행지표에 의문을 품었을 수도 있다. 나는 A/B 테스트를 굉장히 중요한 판단 근거로 삼고 지금까지 꾸준히 진행하고 있다. 이 실험은 UX와 서비스 개발에만 한정되지 않는다. 튜터들을 관리하는 데에도, 고객 서비스를 제공하는 데에도 더 만족도를 높이기 위해 활용된다. 그럼으로써 각 부서의 실험이 전사에 공유되고, 그 결과를 학습하는 것이 내가 튜터링에 있을 때 매우 중요하게 여긴 프로세스다. 타 부서, 타 분야의 실험 결과를 보면서 본인이 운영하는 파트의 효율을 높이는 아이디어를 얻거나 지속적으로 영감을 얻을 수 있기 때문이다.

이 모든 것을 성장 레시피 노트에 기록한다. 런칭 초기부터 최근까지, 세세하게는 각 파트별 실험 결과까지 전사 차원에서 공유한다. 또한 최근 실험에 대해서는 타운홀 미팅을 열어 가설과 결과를 해석하고, 인사이트를 공유하는 자리를 마련한다. 이러한 과정을 거치면서 시장과 고객이 무엇을 원하는지 전사 차원에서 함께 학습하는 시간을 가지려 노력한다.

첫 창업에서는 런칭 후 2년 동안, 성장에 직접 영향을 준 유의

미한 실험을 약 50여 개 이상 수행했다. 한 달에 두 개 이상씩 실험한 셈이다. 그것들을 마치 신호등처럼 컬러로 표기해 결과를 기록했다. 성공적인 실험이라는 의미는 녹색으로, 전후 결과가 같은 의미 없던 실험은 노랑으로, 마지막으로 빨간색은 반대로 실행해야 더 좋은 결과를 얻을 수 있었다는 의미다. 이러한 무수한 작은 성공과 실패의 반복을 통해 한 단계 한 단계 성장이 가능했다고 생각한다.

제대로 된 실험, 끊임없는 도전 없이는 그 자리에 머물거나 퇴보할 수밖에 없다. 당신이 목표에 다가가기 위해 설정한 선행지표는 무엇인가? 그를 위해서 이번 달에는 몇 개의 실험을 진행했나? 레시피 노트에 다양한 레시피가 쌓여갈수록 더욱 정교하고 풍부한 성과를 맛볼 수 있을 것이다.

## 거듭된 실패에서
## 멘탈을 지키는 방법

대학 시절 나는 광고에 미쳐 있었다. 그때 내가 할 수 있는 최고의 도전은 대학생 광고 공모전에 도전해서 실력을 입증해 보이는 것이었다. 대기업에서 진행하는 마케팅 공모전부터 소규모 브랜드의 광고, 디자인 공모전까지 대학 입학 후 2년 동안 10회 넘게 출전했다. 그리고 하나같이 모두 탈락했다. 지금 돌이켜보면 모두 탈락했다는 점보다 계속 떨어지면서도 다시 도전했다는 점이 놀랍다. 그렇게나 연이어 떨어지면 웬만해서 '나는 정말 이쪽 분야는 아닌가 보다'라며 포기할 법도 한데, 당시 나는 거의 관성적으로 팀을 꾸리고, 또 꾸리면서 다시 도전했다.

이미 실패할 것을 알면서도 그때로 돌아가면 그렇게 또 도전할 수 있을까? 아마도 나는 다시 또 그럴 것이다. 결과를 떠나 새로운 아이디어를 내고, 그것을 광고물 형태로 만들어 선보인다는 것만으로도 너무 두근거리고 신났기 때문이다.

나는 무슨 생각으로 그랬을까? 모든 공모전에 떨어지고 다음 공모전에 도전할 때, '어차피 떨어질 거야'란 생각도 물론 들었다. 그리고 '나는 이쪽은 아닌가 보다'란 생각도 많이 했다. 하지만 그러면서도 확실히 알고 있었던 것은 아이디어를 짜내고, 내 생각을 카피로, 그림으로 표현하는 과정이 나를 행복하게 한다는 사실이었다. 나는 얻지 못한 결과가 아니라 준비하는 과정이 주는 긴장과 기쁨과 설렘에 빠져 있었다. 그런 바보 같은 집념이 나를 계속 도전하게 했다.

그렇게 실패의 기록을 쌓아가며 그저 그런 대학 시절을 보내고 있을 때, 광고 업계에서는 가장 유명한 제일기획의 공모전에도 문을 두드렸다. 처음부터 떨어질 거라는 생각이 들었지만 역시나 준비하는 기쁨이 있었다. 당시 유행이었던 플래시 툴로 던킨도너츠의 광고 아이디어를 만들어 제출했다. 결과를 기다리는 한 달 동안, 어쩐지 마음속이 좀 복잡했다. '떨어질 거야, 암 그렇지. 그래도 괜찮아. 재미있게 했으니까'라는 생각으로 간신히 버티고 있었는데, 뜻밖의 결과를 얻었다. 인터넷 광고 부문 은상을 받는 기적이 일어났다. 십여 차례 공모전을 두드린 끝에 처음으로 맛본 수상의 기쁨이었다. 지금 생각해보면 대학생을 대상으로 하는 흔한 공모전이었겠지만, 내게는 2년여의 실패 끝에 찾아온 첫 번째 성취였다. 눈물이 왈칵 쏟아질 것 같았다. 그리고 신기하게도 그 뒤로 탈락의 역사는 마무리됐다.

제일기획 광고전에서의 은상 수상을 기점으로 이후에 도전한 모든 공모전에서 입상했다. 현대자동차 마케팅 포럼에서 최우수상을 받는 등 당시 이름난 유명 공모전에서 연이어 우수한 수상 실적으로 나부터 놀랐다. 2년 동안 쌓은 실패의 경험으로부터 학습된 결과다. 그 당시는 몰랐지만 반복된 실패 속에서 실패하지 않기 위한 나름의 원칙들이 쌓여 그다음의 결과로 이어졌다. 이때 내가 처음 느낀 성취를 지금까지도 큰 교훈 삼아 마음에 새기고 있다.

## 99%에 해당하는 당신을 위한 성공 방정식

우리에게는 단번에 올라가는 성공 무대, 대박이 필요한 게 아니다. 그에 앞서 특정 분야에서 우리의 몸과 마음을 단련해주는 수많은 실패에 먼저 투자해야 한다. 이 투자는 대규모 자본이나 다른 누군가의 도움으로는 얻을 수 없다. 오로지 자신의 실행력으로만 다가가야 한다.

혹시 지금까지 말한 페인 포인트가 '실패는 성공의 어머니' 같은 케케묵은 이야기라고 생각하지는 않는가? 그렇지는 않다. 나는 계속된 실패는 관성적인 태도와 무기력을 낳는 길이라고 생각한다. 학창 시절, 성실하게 열심히 공부했는데도 성적이 계속해서 최하위권에 머무른다면 기분이 어떨까? 아마 '나는 안 돼'라거나 '공부머리가 없다'고 생각하며 학업을 등한시할 가능성이 무척 높다. 간혹 고3 교실에 가보면 "수능 포기했으니 깨우지 마세요."라고 쓴 종이를 몸에 붙이고 잠을 자는 학생도 있다.

이 아이들이 처음부터 이렇게 염세적이고 무기력했을까? 아마 몇 번의 실패가 있었을 것이다. 혹은 실패를 부르는 환경적인 요인이 있었을 수도 있다. 이를 자신의 무능력으로 해석한 결과가 바로 그 쪽지다. 실패가 이어질 때 아무리 주변에서 좋은 말을 하고 기다려보자고 해도 동기부여가 잘 안 되는 이유는 그 실패들을 인생의 실패로 받아들이기 때문이다. 우리가 주목할 지점이 바로 여기에 있다. 실패가 성공을 만드는 지름길인 것을 안다면, 어떻게 지치지 않고 지속적으로 동기를 부여할 수 있을까?

내가 대학 시절 2년간 실패하면서도 동기를 잃지 않았던 이유는 실패에 대한 해석이 달랐기 때문이다. 나는 시도를 즐기는 사람이었다. 성공 확률이 낮을수록 실패는 당연하다고 생각했다. 1%의 당선 확률이 있는 공모전은 처음부터 1% 안에 못 드는 게 당연하다고 말이다. 그렇지만 99번을 시도하면 한 번쯤은 될 수도 있겠다는 생각으로 도전을 멈추지 않았다. 스타트업식으로 표현하면 '실패=학습'이라고 인식한 것이다.

물론 운이 정말 좋아서 처음부터 1% 안에 든다면 베스트다. 하지만 처음부터 성공 궤도를 타게 되면, 실패라는 귀한 학습과 회복 방식을 익힐 기회를 놓치게 된다. 어쩌다 실패했는지, 어떻게 극복하고 성공할 것인지 배울 수 없다. 특히 공모전은 들어가는 비용이 매우 적기 때문에 실패하면서 경험을 쌓는 투자 방식에 적합하다.

이번에는 사업하는 경우를 생각해보자. 2022년 기준, 대한민

국에서 자영업이 폐업할 확률(1년간 개업한 점포 수 대비 폐업 수)은 대략 90%다. 즉, 성공적으로 사업을 영위할 확률은 단 10%에 불과하다. 벤처 회사의 성공 확률은 어떠한가? 만약 기업 공개 여부가 성공의 기준이라면, 전체 기업 대비 IPO 비율은 0.2%에 불과하다. 자영업이든 벤처 회사든 창업 후 실패할 확률이 절대적으로 높은 것이다. 실패에 따른 고통은 경제적, 정신적인 면 모두 상상 이상으로 크다. 게다가 본인뿐 아니라 가족에게까지 피해를 끼치게 된다.

보통 회사의 업무나 사업의 성패는 한순간에 결판나지 않는다. 당연히 학교에서 학점을 따거나 공모전에 도전하는 것과는 다르다. 계속되는 크고 작은 실패와 성공이 모여 결과를 이룬다. 그렇기 때문에 성공 또는 실패를 속단하기 전에 해야 할 일이 많다. 작은 실패에서 빨리 답을 찾고 이를 학습하는 것이다. 만약 그것이 두려워 시도조차 하지 않는다면, 성공은 점점 더 멀어질 뿐이다.

스타트업으로 큰 성공을 거둔 장병규 크래프톤 이사회 의장은 '스타트업은 평균적으로 실패할 가능성이 높은 업종이지만, 스타트업의 구성원은 실패하지 않을 수 있다'고 말했다. 스타트업은 목표 의식이 뚜렷한 사람들이 고도로 몰입해서 일하기 때문에 결과가 어떻든 구성원들은 언제나 성장하는 환경에 노출되어 있다는 뜻이다. 그래서 '스타트업이 실패하더라도 개인은 성장한다'고 말할 수 있는 것이다.

성공은 장병규 의장의 말대로 '자기만의 스토리'로 하는 것이다. 그래서 비정형적이고, 일관된 방정식이란 없다. 또 여러 시행착오를 거듭하며 학습하는 단계를 반드시 거쳐야만 성장할 수 있다. 그래서 이번 장에서는 연속으로 작은 시도를 해내는 방법, 그리고 시행착오를 거치며 레슨런드를 축적해 압축 성장의 재료로 사용하는 방법을 이야기했다. 다시 강조하지만, 이 과정에서 필요한 것은 '의지와 노력'이 아니라, 실행력을 뒷받침해줄 '프로세스와 세밀한 시스템'이다.

## 월요일 아침이 설레는 사람들

라이트 형제가 100번이 넘는 실패 끝에 비행에 성공한 것을 본 기자가 물었다.

"가장 짜릿했던 순간이 언제였나요? 공식 비행에 성공한 지금이겠죠?"

라이트 형제는 이렇게 말했다.

"아뇨, 매일 밤 잠들기 전이 가장 짜릿했습니다. 무슨 이야기

필요한 것은 의지와 노력이 아니라,
실행력을 뒷받침해줄
프로세스와 세밀한 시스템이다.

냐고요? 눈을 감고 우리가 만든 비행기가 하늘을 나는 상상을 하면 심장이 터질 것 같았거든요."

나는 당시 라이트 형제의 기분을 알 것만 같다. 그들에게 가장 떨리는 순간이 비행기가 성공적으로 이륙한 순간이 아니었다는 것도 이해가 된다. 나도 그랬으니까. 라이트 형제가 그랬던 것처럼, 나 역시 회사에서 많은 시도를 하면서 계속해서 실패했을 때에도 다음 날 새로운 도전을 상상하며 설레는 기분으로 잠이 들었다.

첫 창업의 초창기 멤버 중 한 명인 A가 언젠가 내게 이런 말을 한 적이 있다.

"한때 일요일 저녁이 너무 신났던 시절이 있었어요. 빨리 월요

일에 출근하고 싶었거든요. 뭐든 새로운 아이디어를 시도해볼 수 있었던 그때는요."

나는 A의 이야기를 듣고 두 가지 이유로 충격에 빠졌다. 첫 번째는 내가 대기업에 있을 때 한 번도 느껴보지 못했던 설렘을 직장에서 느꼈다는 게 생경해서였고, 두 번째는 '한때'라는 표현 때문이었다. 다시 말해 지금은 그렇지 않다는 뜻이었다.

라이트 형제와 나, A에게는 공통점이 있었다. 우리는 설레는 밤을 보낸 경험이 있는 사람들이었고, 새로운 아이디어를 실제로 적용하는 과정 자체에 큰 설렘과 짜릿함을 느꼈다. 결과도 중요하지만 그 과정에서 다양한 시도를 하며 배우는 즐거움을 알기에 가능한 일이었다.

그런데 A가 말한 '한때 설레었다'라는 말이 자꾸 마음에 걸렸다. 그렇다면 지금은 설렘이 없다는 이야기 아닌가. 왜 지금은 그렇지 않을까? 나는 고민에 빠졌다. 서비스가 일정 규모로 성장하고 조직원도 늘어난 게 원인이 아닐까? 우리는 성과를 냈고 빠르게 성장했지만, 잃은 것도 있었다.

회사가 커지고 시스템이 갖춰지면 조직도 달라진다. 한 명 한 명의 역할이나 아이디어가 차지하는 비중은 축소되고, 아이디어가 빠르게 수면 위로 떠오르거나 시장에서 거침없이 실행되기 어려운 구조와 환경으로 바뀐다. 나는 언제나 실패를 용납하는 문화를 추구하고 있다고 생각하지만, 규모가 커질수록 초창기만큼 자유롭지는 못했다. 튜터링이 어느 정도 궤도에 오른 이후 주변을 의식할 정도로 높아진 인지도와 늘어난 유저 수가 신중한 움직임을 만들어냈다. 만에 하나 적극적으로 실험과 도전을 하다가 작은 실수라도 한다면 혹시나 회사에 부정적인 영향을 끼칠 것을 우려해 모두들 소극적으로 변해가는 중이었다. 어떻게 하면 다시 A를 비롯한 우리 팀원들이 과거의 설렘을 되찾을 수 있을까 고민했다.

예전부터 실리콘밸리 문화 중 부러운 게 하나 있었다. 그곳에서는 각종 이벤트가 자주 열리는데, 그중에는 실패를 축하하고 자랑스러워하는 이벤트도 있다. 매년 가을에 열리는 '페일콘FailCon (실패 콘퍼런스)'이 바로 그것이다. 스타트업 업계에서 큰 성공을 거두려면 두 번 이상 창업을 시도해야 한다는 연구 결과가 있다. 페일콘에는 이런 경험이 있는 사람들이 모여 과거의 실패담을 서로 나눈다. 2009년 샌프란시스코에서 시작된 페일콘은 이제 전 세계 10여 개 도시에서 열린다. 그동안 우버의 트래비스 칼라닉Travis Kalanick, 페이팔의 맥스 레브친Max Levchin, 징가의 마크 핀커스Mark Pincus 등 스타 IT기업의 창업자들도 무대에 섰다. 페일콘이 실리콘밸리의 정상회담으로도 불리는 이유다.

페일콘은 실패를 포용하고 심지어 축하함으로써 더 과감하게 도전하는 문화를 만들어가는 상징적인 행사다. 누구든 '실패자'로 규정하지 않는 실리콘밸리의 문화를 엿볼 수 있는 대목이다. 미국에서는 한국과 달리 사업에 실패한 경험이 있는 창업가가 취업이나 재창업 시 더 많은 혜택을 누린다.

'클래시 오브 클랜'이라는 게임으로 유명한 핀란드 게임회사 슈퍼셀에서는 '실패 축하 파티'가 수시로 열린다. 게임 개발에는 숱한 실패가 따르기 마련이다. 슈퍼셀은 난관을 넘지 못할 때마다 좌절하는 대신 샴페인을 터뜨린다. 실패를 겪으며 배운 것이 있으니 축하하자는 취지다. 창업한 지 8년도 안 돼 세계적인 게임사로 급부상한 비결에는 분명 이런 조직 문화가 한몫했을 것이다.

실패를 축하하는 기업은 또 있다. 독일 BMW에서는 '이달의 가장 창의적인 실수'를 뽑아 포상하고, 일본 혼다는 '올해의 실패왕'에게 거액의 상금을 준다. '실패상'의 메시지는 뚜렷하다. 도전했으니 실패가 있고, 혁신도 따라온다는 뜻이다.

나는 내가 만든 회사에도 이러한 문화를 만들고 싶었다. 그래서 분기별로 회고 콘테스트를 개최해 실패한 프로젝트를 공개하고, 그 원인을 분석했다. 그리고 다음에는 어떻게 리스크를 최소화할 수 있을지 의견을 나눴다. 이 과정에서 회고를 공유한 프로젝트

멤버 전원에게 소정의 상품을 지급한다. 성과는 상관없다. 회고를 하면 할수록 우리에게 배움이 되기 때문이다.

이미 많은 기업이 레슨런드 프로세스가 기업의 성과와 직결되는 것을 알고, 이런 식의 노력을 하고 있다. 실패에 대한 관점을 바꾸고 그것에서 학습할 거리를 추출하기 위해서다. 그렇다면 개인은 어떻게 해야 할까? 내 삶의 시도와 실패 들을 어떻게 해석할 것인지, 그리고 더 많은 시도는 어떻게 해낼 것인지 궁리해봐야 한다. 다음 페이지에 나오는 성장 레시피 노트를 활용해 직접 삶에 적용해보자.

# 성장 레시피 노트

: 얼마나 자주 시도하고, 실패와 성공을 거듭하고 있나요?

**실행 일자 ✐**

.................................................................................................

**실행명 ✐**

.................................................................................................

**가설 ✐**

.................................................................................................

**실행 내용 ✐**

.................................................................................................

**실행 결과 ✐**

.................................................................................................

.................................................................................................

.................................................................................................

**레슨 런드 ✐**

.................................................................................................

.................................................................................................

.................................................................................................

**실행 일자 ✎**

.............................................................................................

**실행명 ✎**

.............................................................................................

**가설 ✎**

.............................................................................................

**실행 내용 ✎**

.............................................................................................

**실행 결과 ✎**

.............................................................................................

.............................................................................................

.............................................................................................

**레슨 런드 ✎**

.............................................................................................

.............................................................................................

.............................................................................................

영원히 타오르는
성장 시스템 만들기

# 압축 성장하는
# 삶의 창작자 되기

**압축 성장**
리스크를 딛고 로켓처럼 날아오르기

# 내 인생의 가장
# 큰 리스크 정의하기

성공이란 어떤 의미인가? 그리고 스스로 내리는 행복의 정의는 무엇인가? 사람들은 각자가 설정한 성공과 행복의 정의를 바탕으로 인생의 목표를 세운다. 나도 지금까지 그와 관련한 방법론을 이야기했다. 앞서 기회를 포착하고 목표와 비전에 의미를 부여하는 과정에서 무엇인가를 발견했다면, 마지막으로 꼭 필요한 프로세스가 하나 더 남았다. 내가 무엇을 두려워하는지 파악하는 과정이다.

목표를 수립하고 의미를 부여하는 일은 실행 동기와 에너지를 얻을 수 있다는 점에서 매우 중요하다. 하지만 에너지를 떨어뜨리고 주저하게 하는 요소들이 있다. 그중 가장 큰 것이 '두려움'이다.

두려움은 무언가 위험, 즉 리스크가 예상되기 때문에 생기는 감정이다. 두려움을 없애기 위해서는 그것과 정면으로 마주해야 한다. 이 일을 해내는 데 가장 큰 리스크는 무엇인가? 또 내가 두려워하는 것은 무엇인가?

로마시대 정치가이자 철학자인 세네카는 "우리는 실제의 삶보다 상상에서 더 고통받는다."고 했다. 두려움을 없애는 가장 효율적인 방법은 두려움을 상상 속의 추상적인 존재가 아니라 현실의 존재로 재정의하는 것이다. 즉, 두려움을 최대한 구체적으로 작성하고, 해결안을 미리 구상해보아야 한다.

사업 초기에 매우 감명 깊게 본 강연이 있었다. 바로《타이탄의 도구들》을 쓴 베스트셀러 작가 팀 페리스Tim Ferriss의 강연이었다. 그는 애플 팟캐스트 청취율 1위에 빛나는 〈팀 페리스 쇼〉의 진행자답게 TED에서도 큰 인상을 남겼다. 그가 말하는 두려움을 정의해야 하는 이유는 이렇다.

"우선 두려운 상황을 정의Definition하고, 예방하는 방법Prevent을 구체화합니다. 그리고 내가 두려워하는 일이 실제로 벌어졌을 때 그 피해를 줄이기 위한 방법Repair까지 미리 작성해둡시다."

나 역시 사업을 진행할 때 맞닥뜨릴지 모를 리스크는 메모를 해두는 편이다. 이로써 걱정과 불안을 정리하고, 강한 추진력을 마련하는 데 도움이 되었다. 큰 결정을 할 때 이렇게 리스크를 미리 정의하면 효과적인 결론을 내릴 수 있다. 창업을 시작할 때도 성공에 대한 확신보다 다른 요인이 크게 작용했다. 첫 번째는 '나의 프로젝트를 성공시키고 싶다'라는 강한 욕구였다. 실패한 프로젝트가 아닌 성공한 프로젝트를 갖고 싶었고, 이 문제를 내 인생에서 꼭 해결해보고 싶었다. 두 번째는 창업을 하지 않는다면, 결정 앞에서 머뭇거리며 허비한 순간을 평생 후회할 것 같다는 두려움 때문이었다. 시도하지 못해서 생길지도 모르는 후회를 하고 싶지 않았다. 그 두려움을 없애기 위해서 내가 할 수 있는 것은 '시도'밖에 없었다.

의사결정 과정에서 또 하나 소개하고 싶은 원칙은 아마존 창업자인 제프 베이조스의 '후회 최소화 프레임워크'다. 뭔가 거창해 보이지만 간단히 말하자면 80세가 되어 인생을 돌아보았을 때 지금 내린 결정을 후회할 것인지, 아니면 후회하지 않을 것인지 고민해보고 결정하라는 것이다.

갓 서른이 된 월가의 젊은이 베이조스는 이 원리를 적용해 연봉 100만 달러를 내던지고 창업을 결정했다. 그는 어느 날 전자상거래 시장이 급성장할 것이란 뉴스를 접하고는 인터넷에서 무엇을 판매할 수 있을지 생각해보았다. '레코드, 꽃, 컴퓨터, 책…'까지 쓰다가 갑자기 머릿속이 번쩍하는 느낌을 받았다. 베이조스는 메모지를 옆으로 밀어두고, 30분 뒤 사표를 썼다. 그 길로 집으로 간 그는 부인과 함께 이삿짐을 쌌다. 아내가 차를 모는 동안 그는 뒷좌석에서 노트북을 펼치고 홀린 듯이 사업계획서를 짰다.

이것이 아마존이라는 거대 기업의 시작이었다. 1994년 창립된 아마존은 2022년 1월 기준 시가총액 3조 달러 이상을 달성하며 미국 온라인 소매시장의 절반 이상을 차지하고 있다. 이 숫자는 영국이나 인도의 GDP와 맞먹는 수치다. 당시 100만 달러의 연봉을 포기한 베이조스는 현재 전 세계 부호 목록에서 늘 빠지지 않고 등장하는 사람이 되었다.

인생을 장기적인 관점으로 보고 후회를 최소화하는 선택은 성장을 위해 꼭 필요한 관문이다. 특히 인생의 가장 큰 리스크가 도전하지 않아 후회하는 것이라면 말이다. 두려움을 정의하는 것, 그리고 후회 최소화 프레임, 이 두 가지를 토대로 한 번쯤은 본인의 생각과 확신을 정리해볼 필요가 있다. "용기를 가져!"라는 백 번의 격려보다 이러한 의사결정 프레임에 고민을 직접 대입해보는 것이 훨씬 효율적이고, 흔들리지 않는 확신을 만드는 방법이다. 남들이 절대 아니라고 해도 해봐야 할 충분한 이유가 있기 때문이다.

"용기를 가져!"라는 백 번의 격려보다
의사결정 프레임에 고민을
직접 대입해보는 것이 훨씬 효율적이고,
흔들리지 않는 확신을 만드는 방법이다.

# 스트레스와
# 친해지는 방법에 대하여

마음속의 무거운 짐 덩어리인 두려움을 각자 정의해보았다면, 이
제는 스트레스에 대해 이야기해보고 싶다. 이 모든 과정은 우리가
추구하는 압축 성장을 원활하게 이루기 위한 장치다.

우선 스트레스가 무엇인지부터 이야기해보자. 스트레스는 흔
히 건강의 최대 적이자 성공의 방해물이라고 생각한다. 하지만 이
제부터는 적이 아니라고 생각하자. 적절한 스트레스는 생활에 활
기를 주고 학습에 도움을 주는 긍정적인 도구라는 관점의 전환이
필요하다.

스트레스를 바라보는 관점에 따라 얻을 수 있는 효과가 달라
진다는 실험 결과도 있었다. 미국 스탠퍼드대학교 교수이자 심리
학 박사인 켈리 맥고니걸Kelly McGonigal은 '새로운 스트레스의 과학
(New Science of Stress)'이라는 주제로 스트레스를 연구해왔다. 그
는 스트레스를 다른 관점에서 보길 권하며, 적절한 스트레스는 독
이 아닌 약이고 우리를 성장시키는 촉매제 역할까지 한다고 말했
다. 그리고 이를 증명하기 위해 저서 《스트레스의 힘》에 흥미로운
실험 결과를 실었다.

실험은 스트레스를 해롭다고 생각하는 그룹과 그렇지 않다고 생각하는 그룹 두 개로 나눠서 진행했다. 놀랍게도 스트레스를 긍정적으로 보는 그룹이 정신적, 신체적으로 건강한 것으로 나타났다. 또한 스트레스는 윤택하고 가치 있는 삶을 살고 있는 증거이기도 했다. 국가별 스트레스 지수를 연구한 결과, 국가의 스트레스 지수와 행복 지수, 생활 만족도가 비례했기 때문이다. 즉, 스트레스 문제를 호소하는 사람들이 많은 사회일수록 건강, 일, 생활 수준, 공동체에 만족하는 사람들이 더 많다는 뜻으로 해석할 여지가 있다. 진짜 건강에 나쁜 것은 '스트레스는 해롭다'는 인식이다. 다만 지나친 스트레스는 건강에 악영향을 미치기 때문에 스트레스를 적절히 해소할 수 있는 장치를 만들어두는 것이 좋다.

나는 글쓰기를 하면서 스트레스를 해소했다. 그 시작은 창업 초창기로 거슬러 올라간다. 난생처음 창업에, 그것도 스타트업을 운영하면서 모르는 게 많았고, 늘 '신선한' 문제들이 튀어나와 해결되지 않은 채 점점 쌓여만 갔다. 하루에도 몇 번이나 감정의 롤러코스터를 탔다. 스트레스로 인해 1년 이상 수면 장애를 겪었다. 나는 내성적인 성향이라 스트레스를 받으면 생각이 많아지고 그 일을 속으로 계속 곱씹는다. 특히 잠들기 전에 증상이 가장 심해지는데, 너무나 피곤한데도 그 생각에 잠이 오지 않았다. 책도 꺼내 보고 집 안 곳곳을 돌아다녀도 쉽사리 잠들지 못했다.

증상이 나아질 기미가 없자 일단 운동을 시작했다. 일상생활에서도 끊임없이 몸을 움직였다. 몸을 움직이는 동안만큼은 잡념이 사라져서 좋았다. 그러나 확실한 해결책은 아니었다. 그때 주변에서 명상을 추천받았다. 하지만 번번이 실패했다. 나는 전형적인 생각 과잉 활동인인지라 마음을 비울 수 없었다. 꾸준한 운동이 1차적으로는 스트레스 완화에 도움을 주었지만, 복잡한 생각을 정리해내는 처방은 되지 못했다. 정신과 상담과 정신력 강화를 위한 코칭도 받아보았지만 그 역시 근본적인 해결책은 아니었다.

그러다 어느 날 글쓰기를 시작했다. 쓰다 보니 기분을 다스리는 데도, 생각을 정리하는 데도 도움이 되었다. 글쓰기가 2차적인 해결책이 된 셈이다. 게다가 내게 가장 맞는 솔루션이었다. 글을 쓰면 나와 상황을 객관화하고 돌아볼 기회가 생긴다. 그 과정을 반복하면 일정한 패턴을 발견하게 되고, 스트레스의 이유와 유형도 드러난다. 이 과정으로 스트레스를 다스리는 나만의 대처법을 찾을 수 있었다. 특히 화가 나거나 기운이 빠질 때는 더 적극적으로 일기를 썼고, 그렇게 글을 쓰면 마음이 정리되었다. 글쓰기는 성장에도 큰 도움이 되었다. 레슨런드를 새로 기록하고, 과거를 회고하면서 발전한 내 모습에 성취감도 종종 느꼈다. 이 책도 결국 그런 시간이 모여서 이렇게 나오게 됐다.

가끔 스트레스가 과도할 때는 다른 형식을 시도해보기도 했다. 1인 2역을 맡아 역할극을 하는 것도 그중 하나다. 나 스스로 사장이면서, 동시에 '불편한 내 마음'은 내가 고용한 직원이 되었다. 그렇게 롤플레이를 하며 리포트를 썼다. 이때는 나를 대상으로 넘버링과 각종 템플릿도 활용한다. 마음이 힘들었던 경위와 해결안에 대해 쓰는 것이다. 여기서 넘버링을 강조하는 이유는 우선순위화가 자동으로 가능하기 때문이다. 그래서 가장 먼저 해결해야 할 문제, 가장 큰 문제가 무엇인지 직관적으로 알게 된다.

꿈 노트와 걱정 노트를 쓸 때도 있다. 꿈 노트에는 내가 진정 원하는 꿈을 기록한다. 물론 이 기록은 생각의 깊이에 따라 매번 바뀔 수도 있다. 꿈을 이루기 위한 여러 목표를 적고, 그에 맞는 실천 사항도 쓴다. 생각해서 적는 것만으로도 굉장히 뿌듯해지며 성취감과 자신감도 얻을 수 있다. 인생의 리스크를 정의할 때도 걱정 노트를 작성하면 추상적인 걱정이 구체적으로 정리가 된다. 덧붙여 걱정에 대한 예방책과 해답을 적다 보면 막연해서 더 컸던 걱정이 상대해볼 만큼 작아지게 된다. 특히 전방위적인 스트레스를 감내해야 하는 직장인들에게는 큰 도움이 되므로 강력 추천한다.

나는 어떤 형태로든 '기록'이 성장에 가장 중요한 요소라고 생각한다. 인류는 기록을 하고 이를 통해 후대에 발전을 이룩했기 때문에 지금의 모습으로 방향을 잡아갈 수 있었다.

그러니 스트레스를 부정적으로만 바라보지 말고 친구라고 생각하고 같이 지내보자. 압축 성장 과정에서 스트레스는 반드시 수반된다. 기본 설정 값이라면 어떻게 받아들이고 활용할지 고민해봐야 한다. 그러니 내게 글쓰기가 그랬던 것처럼 자신에게 꼭 맞는 스트레스 해소 도구를 적극적으로 찾아보길 권하고 싶다. 스트레스라는 친구와는 사이 좋게 지내는 것도 성장을 위한 하나의 기술이다.

# 성공을 보장해주는 습관 들이기

성공을 보장해주는 습관이 있다면 그 대가로 얼마를 지불해야 할까? 내 가치를 100억으로 만들어주는 습관이라면? 여러모로 고민이 될 것이다. 그런데 여기에 성공하는 습관을 길들이는 방법이 있다. 그것도 돈을 지불하지 않고서.

2019년, 첫 회사를 창업하고 4년 차가 되던 해, 그간 쌓여온 피로가 한꺼번에 터지면서 몸과 마음이 망가졌다. 3년 만에 받은 건

강검진 결과는 정말 충격적이었다. 그동안 얼마나 속이 썩었는지 위장 검사에서 용종이 세 개나 나왔고, 주로 70대 노령층에게 발생한다는 게실 질환도 발견되었으며 심지어 고혈압까지 생겼다. 평일… 밤낮… 주말… 따로 구분할 것 없이 일만 했으니 어쩌면 당연한 결과였다. 그랬던 내가 변해야겠다고 결심한 계기가 생겼다.

어느 날, 여느 때와 다름없이 택시를 타고 퇴근하는 길이었다. 퇴근길이 너무 힘들어서 택시를 타지 않고는 집에 갈 수 없었다. 생각해보니 나는 하루도 빠짐없이 택시를 타고 있었다. 계속 이렇게 살면 안 되겠다 싶었다. 그래서 하루 한 시간 반은 '버리자'는 결심을 했다. 하루에 한 시간 버리는 것도 엄청난 손실인데, 한 시간 하고도 반이라니.

매년 초가 되면 '영어 공부하기'나 '매일 운동하기' 같은 결심을 하는 사람이 많다. 나도 그중 하나였다. 대부분이 이 계획을 실패하지만 그해 나는 연초 결심대로 운동하는 습관을 들였고, 그것이 나를 살렸다. 과연 나는 어떻게 안 하던 운동을 꾸준히 하게 됐을까?

내 과거를 돌아보자. 나는 몸을 쓰는 데 정말 게을렀다. 몇 달 전에도 독하게 결심하고 집 앞 헬스장에서 1년 회원권을 끊었다. 집에서 걸어서 5분 거리인데 처음 이틀을 제외하고 6개월 동안 한 번도 가지 않았다. 말 그대로 발이 안 떨어졌다. 그런데 6개월이 남은 시점부터는 매일같이 헬스장에 갔다. 코로나로 헬스장이 문을 닫기 전까지 대략 200일째 헬스장에 매일 출근 도장을 찍었다.

이번에는 건강의 당위나 운동 목표를 내세우지 않고, 게으른 내게 맞는 행동으로 나를 유인했다. 비결은 재미있게도 '안 씻고 출근하기'였다. 아예 안 씻고 출근할 수는 없으니 씻기 위해서라도 헬스장에 갔다. 본능에 역행하는 힘든 노력을 하지 않고 내가 할 수 있는 방법이었다. 씻기 위해 갔지만, 일단 헬스장에 들어서면 생각이 달라졌다. 씻기만 하고 나오기엔 내게 조금 미안해진달까. 그래서 '땀 좀 흘려보자!'란 마음이 생겼다. 그렇게 해서 일주일을 보내고, 2주가 되고, 3주가 되었다. 이후 헬스장에 가는 일과는 그냥 습관이 되었다.

이 일로 깨달은 것이 있다. 변화를 위해서는 완전히 새로운 습관을 만들기보다 나의 환경이나 습성을 이용하는 게 좋다. 그러려면 일단 나를 파악해야 한다. 이미 나에게 있는 일상의 루틴과 환경 말이다. 여기에는 회사에서 집까지의 경로, 이동 시간, 이동 방법, 출근할 때의 상황, 퇴근하고 나서의 상황 등이 포함된다. 나 같은 경우에는 헬스장이 집에서 5분 거리라는 것, 또 출근 동선에 헬스장이 있다는 게 환경이었다. 나는 이것을 이용해 이동 경로 사이에 습관을 설정했다. 그러자 그 습관을 체질화하는 데는 의외로 2주밖에 걸리지 않았다.

이 습관이 생긴 뒤 가장 많이 들은 이야기는 '요새 진짜 밝아지셨네요?'다. 기대하지 않은 성과다. 고정적인 아침 루틴이 생긴 후, 덜 예민해지고 매사에 긍정적이 되었다. 운동을 하면서 체력이 생기니 몸이 덜 힘들었고, 그렇게 생긴 새로운 에너지를 나와 주변에 쓸 수 있었다. 주변을 더 배려하게 되었고, 사람들과 더 적극적으로 커뮤니케이션도 했다. 운동 덕분에 정신이 맑아지니 체력도 뒤따라온 건지, 아니면 강해진 체력으로 맑은 정신 또한 얻게 된 건지 모르지만 확실한 건 남들이 느낄 정도로 변화했다는 사실이다.

인간은 의식이 분명할 때 결정을 내리는 것 같지만 꼭 그렇지만은 않다. 의외로 무의식 중에도 수많은 결정이 이루어진다. 그렇기 때문에 '환경 세팅'이 중요하다. 이것은 결정의 순간에 의식적인 판단 없이 행동하도록 습관을 형성하는 일이다.

이런 방식으로 내가 만든 또 하나의 습관은 독서다. 처음에는 독서를 하기 좋은 환경을 조성하는 것으로 시작해보기로 했다. 먼저 침실 한구석에 나만의 독서 공간을 꾸몄다. 가장 좋아하는 조명과 의자를 갖다 두고, 잠들기 전 꼭 저 폭신한 소파에 널브러져 차를 마신다는 생각으로 책 한 권을 들고 일단 몸을 던졌다. 단, 여기

'환경 세팅'이 중요하다.
이것은 결정의 순간에 의식적인 판단 없이
행동하도록 습관을 형성하는 일이다.

에 핸드폰 반입을 금지한다는 조건만 하나 달았다. 무작정 일단 앉았다. 책을 읽지 않아도 앉아 있었다. 그리고 얼마 후, 핸드폰이 없어서 심심함을 달래기 위해 책을 읽었다. 이렇게 시작해 지금 1년째 매일 밤 책을 읽고 있다.

나는 이런 습관들을 이렇게 명명했다. 일명 '성장 습관 거저먹기 프로젝트'. 올해 내가 도전할 작은 습관은 몇 개가 더 있다.

- 매일 아침 운동 50분 — 유지하기
- 매일 저녁 독서 30분 — 한 시간으로 늘리기
- 잠들기 전 일기 쓰기, 아이디어 기록하기 — 이틀에 한 번
- (틈틈이 독서) 책 읽고 메모하기 — 주 1회 이상
- 퇴근 후 매일 플랭크 1분 & 6분 스쿼트 하기

목록이 늘어난 이유는 나름의 요령이 생겼기 때문이다. 최소한의 노력으로 습관을 만드는 환경을 설정하는 요령은 이렇다. 어떤 프로젝트는 실패할 것이 분명함으로 애초에 절반만 성공해도 결과적으로 만족할 수 있게 목표를 높여 설정한다.

올해는 결심만 하는 바보에서 탈출하자. 나라는 사람은 모든 생활습관이 더해진 결과물이다. 올해는 최소의 노력으로 만들어낼

수 있는 습관 만들기에 꼭 도전해보길 바란다.


# 포스트 코로나 시대에서
# 자산을 쌓는 법


누구도 예측할 수 없었던 코로나19의 재앙이 여러 산업계에 지각 변동을 가져왔다. 그리고 우리의 일상도 송두리째 바꾸어놓았다. 지금부터는 압축 성장을 위한 준비 과정으로, 포스트 코로나 시대에 맞는 자산 형성에 대해 이야기해보려 한다. 부동산이나 주식이 아니라 온라인상의 퍼스널 브랜드 구축과 네트워킹에 대한 이야기다.

2020년 초부터 3년이 지난 현재에 이르기까지 오프라인 만남이 축소됐다. 나는 그에 대한 반작용으로 나타날 몇 가지 역설적인 현상을 기대하고 있다. 먼저 과거 오프라인을 기반으로 단단하게 연대했던 특정 그룹들이 느슨해지면서 새로운 관계를 쌓을 기회가 열렸다. 특정 대학 출신으로 이루어진 동문의 벽, 특정 회사의 벽, 지역의 벽, 어디어디 출신의 벽이 하나둘 와해되고 있다. 그러면서 관계를 맺는 방식이 근본적으로 재구축되는 중이다.

나 역시 여러 저녁 모임, 스타트업 관련 모임 등이 대부분 사라지면서 페이스북이나 인스타그램과 같은 SNS상에서의 친구가 늘어났다. 특히 서로 말이 잘 통하고 관심사가 유사한 분야의 '인친'들과 소통이 잦아졌고, SNS에 댓글을 달거나 카톡으로 안부를 물으면서 아쉬운 마음을 달래는 경우가 늘었다. 식사, 술자리에서 심리적인 유대를 형성했던 오프라인 이벤트 역할을 온라인 활동이 대신하는 것이다.

팬데믹으로 비대면 커뮤니케이션이 자연스러워진 이런 현상이 누군가에게는 기회가 될 수도 있다. 예를 들면 내성적이고, 새로운 사람들을 만나는 오프라인 모임이 부담스러운 사람들에게는 인터넷상의 관계 맺기가 활발한 지금, 새로운 네트워크를 쌓을 문이 열린 셈이다. 나도 그런 사람 중의 하나다.

비대면 방식이 일상화되면 어떤 일이 벌어질까? 장기적으로 '친구라는 게 원래 이런 것 아니었나?' 하는 생각을 하는 날이 올 수도 있다. 기존의 판과 질서에서 인맥 경쟁이 어렵던 언더독<sup>Under-dog●</sup>들이 유리한 포지션을 점할 수 있을지도 모른다. 그 근거는 다음과 같다.

---

● 주로 스포츠에서 우승이나 이길 확률이 적은 팀이나 선수를 일컫던 말에서 유래한 단어

첫째, 아마도 지금은 온라인으로 맺은 인맥도 우리가 친구라고 말하는 범주에 포함되는 최초의 시기가 아닐까 싶다. 둘째, 온라인상의 느슨한 만남이 일상화되면서 시공간의 제약이나 건강상의 문제로 오프라인 모임이 어려웠던 사람들, 또는 내성적인 성향이라 술자리나 네트워킹 모임이 부담스러웠던 사람들도 관계의 폭을 키울 수 있게 되었다. 셋째, 온라인에서는 나이나 직업에 상관없이 친구를 만들 수 있다. 한국에서는 외적인 조건에 따라 말투와 행동이 자연스레 달라지지만, 온라인상의 관계는 이런 부분에서 훨씬 열려 있고 평등하다.

요약하자면 과거의 네트워킹 자산 개념이 바뀌고 있다. 지금은 '발이 넓다 = 인맥이 많다'라는 개념이 변화를 맞이한 시대다. 현재 다른 사람과 비교해 소외된 환경에 있더라도 이전보다 훨씬 적은 비용으로 인사이더들과 인맥 쌓기가 가능해졌다. 이러한 새로운 관계 형성에서 가장 중요한 것은 '가치관의 유사성'이다. 나이나 지위 등 외재 요인에 따른 관계 형성이 약화됨에 따라 관심사가 통하거나 목적이 합치하는 사람끼리의 관계가 더욱 친밀해지고 있다.

이러한 시기에 개인은 어떤 노력을 해야 할까? 나는 더욱 다양하고 느슨한 연대를 열심히 만들어가라고 권하고 싶다. 진솔한 교감으로 소통할 수 있는 친구도 좋고, 소중한 조언과 정보를 건네

줄 친구도 좋다. 지금은 마치 새학기처럼 새로운 친구들을 만나고 교류할 수 있는 시기다. 이미 다양한 SNS에 열린 마음으로 소통하길 원하는 분들이 매우 많기 때문에 이런 흐름을 적극 활용했으면 한다.

## 개천에서 용 되기

개천에서 용이 나오기 점점 어려워진다고 하지만 나는 완전히 다르게 생각한다. 요즘처럼 개천에서 태어나도 용이 되기 쉬운 시대는 없었다. 앞으로는 점점 더 그 기회가 많아질 거라 믿는다. IT기술과 플랫폼의 진화 덕분에 앞으로의 세상은 호기심과 지적 열망만 있다면 예전보다는 쉽게 부를 축적할 가능성이 더욱 커질 것이기 때문이다.

그동안 개인의 성공에는 재능, 환경, 출생 배경, 노력, 운 등이 작용해왔다. 과거에는 성공을 이루는 요소 중 바꿀 수 있는 유일한 변수가 '노력'이었고, 이것만으로는 많은 부분을 바꿀 수 없었다면 디지털 시대에는 나를 둘러싼 '환경' 요소까지 바꿀 수 있지 않을까 생각한다.

    24시간을 보내는 나의 환경 요소에서 시공간을 초월한 디지털 세계에는 무료로 얻을 수 있는 무형자산이 생각보다 많다. 여기에서 전제는 호기심과 지적 갈증, 성공 욕구 등이 있어야 한다는 것이다. 재미있게도 이러한 요소 중 어느 것도 돈을 주고 사거나 스펙만으로는 쉽게 가질 수 없다. 앞서 내가 이야기한 의미와 동기부여가 없다면 저절로 생기지 않는다.

    하지만 지금은 강력한 내적 동기와 실행력이 있다면, 꽤나 쉽게 수단을 얻을 수 있다. 과거에 비해 양질의 정보가 접근 가능한 형태로 엄청나게 많이 유통된다. 더 이상 재야의 고수들은 은둔할 필요가 없다. 세미나, 책, 칼럼 등으로 다방면에서 활동할 수 있는 환경이 되었다. 관심 분야만 확실하다면 유튜브, MOOC Massive Open Online Course(온라인 공개 수업), 인터넷 강의, 라이브 튜터링 등 다양한 플랫폼의 도움을 받아 쉽게 시작할 수 있다. 심지어 전문 컨퍼런스나 특정 대학에 가야 만날 수 있었던 전문 분야의 구루들도 온라인상으로 만난다. SNS를 팔로하고 그들의 생각이 담긴 피드를 보면서 함께 성장하는 느낌도 받게 되고, 느슨한 관계를 만들 가능성을 덤으로 얻어갈 수도 있다.

    관계 이외에 어느 때보다 접근성이 높아진 또 하나의 기회는 창업이다. 지금은 단군 이래 창업 비용이 가장 낮은 시기이며, 과거 어느 시절보다 상대적으로 기회가 공평하게 주어진다. 특히 IT기술 기반 스타트업은 자기 자신의 재능을 기반으로 시작하기 때문에 더욱 그렇다. 꼭 IT 스타트업이 아니더라도 열정을 발휘하려는 분야가 있다면 스펙, 전공, 전문성, 경력 등 기성 사회가 요구하는 조건들이 예전에 비해 문턱이 낮아졌다. 그 어느 때보다 용기를 내볼 만한 이유다. 그러니 이 글을 보는 순간에도 어떤 결핍이나 현실적 제약을 이유로 자신의 생각을 억누르고 있다면, 그 시간에 온라인 플랫폼에서 스스로 필요한 정보를 찾아서 다양한 전문가들이 어떻게 얼마나 큰 기회를 주고 있는지 확인해보자. 그럼 알게 될 것이다. 자, 이제 시작이다.

## 이 시대를 살아가는 키워드, 탁월함

탁월함이란 무엇일까? 사회생활을 단 1년이라도 해본 사람이라면 안다. 경력을 오래 쌓았거나 해당 분야의 학위를 가졌다고 해서 누군가를 '전문가'라고 부르지는 않는다. 덴마크의 물리학자 닐스 보어Niels Bohr는 전문가를 이렇게 정의했다. '아주 좁은 범위에서 발생

압축 성장하는
삶의 창작자 되기

할 수 있는 모든 오류를 경험한 사람'이라고.

나보다 훨씬 큰 사업을 운영한 멘토를 만나 사업 경영 노하우와 조직 관련 의사결정에 대해 논의하던 중이었다. 그분은 큰 성공을 이룬 사람답게 복잡한 사안들에서 패턴을 분석해낼 줄 아셨다. 또한 리스크를 최소화하기 위한 원칙을 갖고 계셨다. 그가 가진 혜안이 놀라웠다.

모든 일은 결국 문제 해결의 연속이다. 전문가와 비전문가의 차이는 문제의 본질을 읽을 수 있는지, 또 문제의 패턴을 알아보고 정의할 수 있는지로 갈린다. 그리고 전문가일수록 문제 해결을 위한 여러 시나리오가 있고, 그대로 실행했을 때 어떤 결과를 초래할지 더욱 구체적으로 예측할 수 있는 능력이 있다. 반면 특정 분야에서 전문성이 쌓이기 전까지는 대부분의 일들이 예상 밖으로 전개된다. 발생할 수 있는 모든 오류를 경험하지 않았기 때문에 대처 범위 밖에서 문제가 저질러진다.

탁월함은 견딜 수 없을 정도의 복잡한 오류와 난관이 연속해 발생하면서 점점 벼려진다. 어떤 분야에서 탁월해지고 싶다면 무난하고 안락한 환경에서 벗어나야 한다. 온실 속이 아닌, 나를 위협하는 온갖 생명체들이 난무하는 정글에서 싸우는 것은 큰 기회가 된다. 내 경험을 놓고 생각해봐도 그렇다. 내게 대기업에서의 10년과 스타트업을 운영한 5년 중 어느 시기에 더 많이 성장했는지 묻는다면, 답은 단연코 후자다. 어떤 자원도 풍족하게 주어지지 않고 잔인했던 스타트업 환경은 내게 '정글'이었다.

그곳에서 살아남기 위해 버티고 싸우면서 삼성에서는 결코 경험하지 못했던 시각을 얻었다. 하루, 또 하루 고군분투하는 동안 시장, 사업, 사람에 대한 인사이트를 배우고 나름의 해답들을 얻어낼 수 있었다. 내가 잘하는 특화된 몇몇 분야에서는 전문성이 과거에 비해 훨씬 깊어지기도 했다. 내 안의 생존 본능이 나를 더 똑똑하게 키워준 것이다.

이 책은 창업을 권하는 내용이 아니다. 내가 창업을 결심한 직후 가장 먼저 와닿은 어려움은 돈을 대하는 입장이었다. 직장을 다닐 때는 매월 몇백만 원이 들어왔지만, 창업을 하자 매일 몇백만 원, 때로는 몇천만 원이 빠져나갔다. 그리고 그렇게 지불된 금액은 오로지 내가 감당해야 할 책임으로 돌아왔다. 결코 한번 해보라고 권할 만한 일은 아니다. 창업 후 가족과 보내는 시간도 크게 줄어들었다. 창업을 하면 숨 쉬는 시간을 뺀 모든 시간은 일하고 있어야만 마음이 오히려 편하다. 그러니 쉴 수가 없었다. 그럼에도 '주도적으로' '도움이 되는 일을 해내고 싶은 욕구'가 컸기에 선택한 일이었다. 나의 경우는 그랬다.

하지만 꼭 창업이 아니어도 직장인으로서, 또는 지금 하는 일에서 개인이 위대해질 수 있는 길은 충분히 있다. 자신의 결핍을 들여다보고 이를 바탕으로 나만의 프로젝트를 만들어 무엇이든 계속 도전해볼 것을 권한다. 남들의 시선은 고려 대상이 아니다. 나이도 문제가 되지 않는다. 단련해본다는 입장으로 성공 확률은 낮지만 전망이 있다고 생각하는 사업이나 마흔이 다 되어 시작하는 개발 프로그래밍 등 현실적으로 어려울 것 같은 프로젝트를 벌이고, 과감히 뛰어들어 부딪쳐보길 권한다. 정글이 없다면 만들어보는 것이다. 정글 숲을 헤쳐나가는 경험이 쌓이면 압축 성장을 가속화하는 로켓이 되어줄 것이다.

## 성공의 유효기간

성공의 의미는 저마다 다를 것이다. 나 역시 아직 성공에 대한 명확한 정의를 내리지 못했다. 사업하는 사람들이 정의하는 성공의 순간은 다양하다. 내가 고군분투해서 만든 서비스가 시장에 나가는 순간, 첫 고객을 얻는 순간, 내가 하는 사업이 IPO를 하는 순간, 몇 백만의 팬이 생긴 순간, 또 순간, 순간, 순간….

순간이라고 표현한 이유는 '성공'에는 영원하지 않다는 속성이 있기 때문이다. 목표로 하는 무엇인가가 이루어지는 그 순간은 매우 행복하다. 세상이 긍정적으로 보이고, 무엇이든 더 큰 것을 이룰 수 있을 것만 같다. 하지만 순간일 뿐이다.

성공이 주는 행복의 유효기간은 의외로 매우 짧다. 오히려 부담감이 더해지기도 한다. 취준생은 수개월 혹은 수년간의 고생 끝에 취업하면 성공이라고 한다. 그런데 그렇게 힘들게 뽑고 어렵게 입사한 신입사원이 1~2년 안에 퇴사하는 경우가 점점 많아져서 그들을 정착시키는 게 기업 인사과의 가장 큰 미션이 됐다. 창업가는 IPO를 하면 성공이라고 생각하지만, 앞으로 공개된 시장에서의 무거운 책임감도 같이 따라오게 된다. 성공의 기쁨은 잠깐이고, 곧 현실에서 오는 무게가 성공으로 인한 행복감을 덮어버린다. 환상이었던 성공이 현실로, 또 일상으로 전환되면 목표를 잃고 방황하기도 한다.

경제적 자유라는 여느 직장인들의 꿈처럼 큰돈을 벌어 조기 은퇴를 하게 되었다고 치자. 은퇴 후 하와이 바닷가에서 햇살을 받으며 여생을 즐긴다고 하더라도 그 여유로움으로 인한 행복이 몇 달이나 갈까? 나는 의외로 많은 사람들이 그 생활에 만족하지 못할 거라 생각한다. 우리가 일반적으로 말하는 성공한 사람들은 큰 성공을 이룬 후 허무함에 빠지는 경우가 많다.

그렇게 염원하던 10억, 100억을 벌고 난 후…

그렇게 힘들게 공부해서 ×××에 합격하고 난 후…

이것이 바로 '한계 효용 체감의 법칙'이다. 재화 단위당 효용의 증가분(한계 효용)이 점점 줄어드는 현상을 말하는데, 성공의 유형에 따라 행복도 역시 비슷하게 그 가치가 급격히 줄어든다. 반면 나의 노력으로 인해 누군가의 인생이 바뀌었다거나 내가 하는 일이 더 나은 사회를 만드는 데 도움을 주는 등 선한 영향력을 발휘한 성공은 비교적 행복의 유효기간이 길다. 기준 자체가 돈이나 지위 등이 아니다 보니 성취감이 오랫동안 유지되고 성공 이후 방황에 빠질 확률이 무척 적다.

하지만 이런 형태의 성공은 나의 노력만으로 이룰 수 없는 영역이므로 무척 어렵다. '영향력'이란 영향을 받는 이들과의 상호작용으로 이루어지기 때문이다. 게다가 이런 성공을 원하는 사람은 극소수다. 누구나 마더 테레사가 되기를 바라지는 않기 때문에, 대부분의 사람은 도파민을 자극하고 당장의 생활 변화를 꾀할 수 있는 화려한 부와 명예에서 더 큰 동기를 부여받는다. 성공에 따른 행복의 유효기간이 짧더라도 말이다.

그럼 이쯤에서 다시, 성공에 대해 생각해보자.

첫째, 성공을 이룬 후 행복의 유효기간을 고려해서 각자에게 의미 있는 성공을 정의해보자.

둘째, 큰 성공은 내 노력으로만 이룰 수 없음을 인정하고, 성공이 쉽게 주어지지 않는다고 자괴감에 빠지진 말자.

마지막으로, 행복의 유효기간을 늘리기 위한 또다른 방법이 있다. 어떤 순간, 어떤 단계를 말하는 성공이 아닌 '성장'에 집중해보는 것이다. 과거의 나보다 성장했는가는 성공의 확실한 척도가 될 수 있다. 다른 외재 요인의 영향 없이 오롯이 나만의 작은 성공을 거듭할 수 있어서, 행복의 유효기간을 계속해서 연장할 수 있다는 장점도 있다.

그래서 나는 성공이 아닌 성장을 목표로 삼으라고 말한다. 성장은 성공으로 이어지는 사다리이자 어떤 상황과 환경에서도 설정할 수 있는 목표이며, 끊임없이 동기부여와 학습을 이끌어내는 결핍의 다른 말이다.

나는 성공이 아닌
성장을 목표로 삼으라고 말한다.
성장은 성공으로 이어지는 사다리이자
어떤 상황과 환경에서도
설정할 수 있는 목표이며,
끊임없이 동기부여와 학습을 이끌어내는
결핍의 다른 말이다 .

# 압축 성장 준비 노트

: 더 나은 미래를 맞이할 준비 되셨나요?

## 1단계: 후회 최소화

**셀프 진단 1** 내 인생에서 가장 크게 후회한 일은 무엇일까요?

**생각 기록하기** ✎

---

**지우기** ✎

---

**셀프 진단 2** 내가 가진 가장 큰 리스크는 무엇인가요?

**생각 기록하기** ✎

---

**지우기** ✎

---

**셀프 진단 3** 항상 머릿속에 담아두는 걱정거리가 있나요?

**생각 기록하기** ✎

---

---

**지우기** ✎

---

---

## 2단계: 생각을 현실화 시키기

**셀프 진단 1** 나를 설레게 하는 일이 있나요? 삶의 가장 큰 원동력이 무엇인지 기록해보세요.

**생각 적기** ✎

---

---

**실천 목록** ✎

---

---

**셀프 진단 2** 1을 바탕으로 꿈이 이루어진 미래를 상상해본 적이 있나요? 10~20년 뒤의 모습을 기록해보세요.

**생각 적기** ✎

---

**실천 목록** ✎

---

---

2에 적어본 꿈이 이루어지려면 그동안 어떤 일들을 이루어야 할까요? 5~10년 뒤의 모습을 기록해보세요.

**생각 적기 ✏**

........................................................................................

........................................................................................

**실천 목록 ✏**

........................................................................................

........................................................................................


3에 적어본 꿈이 이루어지려면 가까운 미래에는 어떤 것을 이루어야 할까요? 1~2년 뒤의 모습을 기록해보세요.

**생각 적기 ✏**

........................................................................................

........................................................................................

**실천 목록 ✏**

........................................................................................

........................................................................................

압축 성장하는
삶의 창작자 되기

# 내 인생도 스타트업처럼

마흔을 앞두고 저질러 버렸다. 출판과 새로운 두 번째 사업 도전은 30대의 마지막 시기에 했던 결심 중 가장 좋은 결정이었다. 고백하자면 2021년은 내 인생에서 가장 힘든 또 한 번의 시련의 시기였다. 5년 동안 내가 낳은 자식처럼 동고동락하며 아끼고 보살피고, 바라보는 것만으로도 행복을 느꼈던 튜터링을 떠나게 되었기 때문이다. 딸아이가 세 살 때 시작해 학부모가 된 지금까지 주말에도 쉬어본 적 없이 쉼 없이 달려왔다. 그런데 세상일이란 게 늘 뜻대로 되지 않는다. 흔히 말해 영혼을 갈아 넣었다고 할 수 있는 튜터링을 떠나서 다시 출발선 앞에 서기까지 그 과정에서 너무 큰 정신적인 아픔을 겪었다. 괴로워서 3개월 동안은 잠을 3시간 연속으로 잘 수가 없었다. 매일매일 반복되는 이 사이클 속에서 스스로 나를 파괴했다. 그렇게 바닥을 치고 있던 어느 날, 새벽 동이 트자마자 동네 뒷산을 오르고, 한강변을 걷기 시작했다. 불안과 두려움을 벗어나는 첫 번째 시도로 괴로움에 휩싸였던 공간을 떠나는 방법을 택한 것인데, 나름 효과적이었다. 이후 시간이 흘러 마침내 어느 정도 내려놓고 처음으로 돌아가 새로운 창업을 결심할 정도로 스스로 추스를 수 있었다.

또 다른 모험을 시작하기 앞서 제대로 된 마침표를 찍고 싶었다. 그래서 지금까지 내가 경험한 것과 그 결과를 통해 얻은 생각들을 돌아보는 시간을 가졌다. 나는 어떤 사람이었으며 무엇 때문에 힘들어했는가. 이것들이 페인 포인트가 되어 내 삶을 어떻게 한 단계 한 단계씩 성장시켰는지 정리했다. 그리고 이 글들은 출판사의 도움을 받아, 1년 반만에 세상에 나왔다.

글을 쓰고 정리하는 과정에서 스스로를 치유하고 앞으로 나아갈 수 있는 힘이 나온다고 믿는다. 생각과 배움, 경험은 혼자만 간직하고 있으면 쉽게 잊혀지기 쉬운데, 나누면 그 과정에서 한 차례 정리를 하게 되어서인지 선명한 기억으로 남기 때문이다.

## 두 번의 스타트업을 창업하는 과정에서 배운 것

압축 성장은 방법만 알면 누구나 할 수 있다는 사실을 꼭 말해주고 싶었다. 페인 포인트를 비롯해 평범 이하의 조건을 내세운 것은 그 때문이다. 결핍, 실패, 분노 등 압축 성장의 연료는 평범한 사람이라면 누구나 갖고 있는 흔한 재료다. 심지어 결핍이 크면 클수록 가능성도 더 커진다. '할 수 있다'는 공허한 파이팅이 아니다. 물론, 고통을 겪는 시기에는 그 어떤 가능성도 보이지 않고, 절박하고 답답하기만 할 뿐임을 오래도록 겪어봐서 잘 안다. 하지만 바닥을 찍어보고 잃을 것이 없는 경험을 해본 사람이 더 큰 에너지로 더 높이 뛰어오를 수 있다. 인생을 살아가는 데 있어 역치는 더 커지고 두려움은 줄어들기 때문이다.

다시 한 번 강조하지만 이 책은 창업자만을 위한, 또는 스타트업을 권하는 책이 아니다. 누구나 갖고 있는 삶 속의 크고 작은 고난과 결핍을 있는 그대로 바라보지 않고, 어떻게 하면 다른 시각에서 새롭게 재해석하고, 또 더 나아지기 위한 에너지로 활용할 수 있을지에 대한 이야기다.

앞으로 개인이 기업보다 무한한 가치를 지닌 시대가 온다. 이제는 기업의 브랜드보다 한 개인의 인지도와 인기가 더 큰 영향력을 발휘하는 시대다. 좀 더 구체적으로 업계 표현을 빌리자면 하나의 포털 플랫폼의 100만 MAU(월간사용자)보다 개인이 소셜미디어에서 키운 100만 팔로워의 활성화 수준과 구매 전환율이 더 큰 가치로 인정받는 시대다. 두 번째 스타트업 창업의 계기는 자연스레 이 책의 주제와 맞닿아 있다. 압축 성장이라는 키워드는 기존 대기

**265**

업보다 스타트업에 어울리는 목표다. 그리고 그보다 개개인의 삶에 더욱 어울리는 주제다. 무거운 몸체를 가진 대기업보다 소규모의 스타트업이, 그리고 그보다 훨씬 자유로운 개인이 주체적으로 더 빠른 결정과 무한 실험을 반복할 수 있기 때문이다.

앞으로의 세상에서는 다양한 경험과 스토리를 가진 창작자들이 무한한 영향력을 가질 것으로 확신한다. 이때 부정적인 경험과 생각, 두려움마저도 성장 동력으로 전환하는 생각의 기술과 태도는 성장을 이루는 데 큰 힘이 된다. 게다가 시행착오를 겪으며 배운 것들을 다른 사람들과 나눌 때 영향력은 기하급수적으로 높아진다. 요즘 말하는 선한 영향력의 힘이다. 나이가 들어도 조급할 필요가 없다. 한계를 두지 않고 계속 성장할 수 있다는 믿음이 우리의 영혼을 선하게, 젊게 유지시킨다고 믿는다. 나는 마흔에 다시 출발선에 섰다. 한 단계 크게 성장하고 그 배움을 나누리라는 목표를 갖게 되면서, 지난했던 고난의 시간과 완벽하게 이별할 수 있었다.

내가 정리한 이 이야기가 고난의 시기를 겪고 있는 누군가에게 조금이나마 보탬이 되었으면 한다. 책을 읽는 당신의 내일이 더욱 설레며 기다려졌으면 좋겠다. 즐거운 시간이 되었기를 바라며 글을 마친다.

# 내 인생, 압축 성장의 기술

**첫판 1쇄 펴낸날** 2022년 12월 13일

**지은이** 김미희
**발행인** 김혜경
**편집인** 김수진
**책임편집** 김교석
**편집기획** 조한나 김단희 유승연 김유진 임지원 곽세라 전하연
**디자인** 한승연 성윤정
**경영지원국** 안정숙
**마케팅** 문창운 백윤진 박희원
**회계** 임옥희 양여진 김주연

**펴낸곳** (주)도서출판 푸른숲
**출판등록** 2003년 12월 17일 제2003-000032호
**주소** 경기도 파주시 심학산로 10(서패동), 3층 우편번호 10881
**전화** 031)955-9005(마케팅부), 031)955-9010(편집부)
**팩스** 031)955-9015(마케팅부), 031)955-9017(편집부)
**홈페이지** www.prunsoop.co.kr
**페이스북** www.facebook.com/prunsoop  **인스타그램** @prunsoop

ⓒ김미희, 2022
ISBN 979-11-5675-361-2 (03190)